Des héros pour la terre
Text by Isabelle Collombat and Illustration by Alain Pilon
Copyright © Actes Sud, France, 2016
Korean translation copyright © Hanulim Publishing Co., Ltd. 2019
All rights reserved.
This Korean edition is published by arrangement with Editions Actes Sud
through Bookmaru Korea literary agency in Seoul.

이 책의 한국어판 저작권은 북마루코리아를 통해 Editions Actes Sud와의 독점 계약으로 ㈜도서출판 한울림이 소유합니다. 신저작권법에 의하여 한국 내에서 보호를 받는 저작물이므로 무단 전재와 복제를 금합니다.

일러두기
이 책에 나오는 모든 인명과 지명은 국립국어원의 외국어표기법을 따랐습니다.

내일을 지키는 작은 영웅들

지속 가능한 미래를 만드는 환경 운동 이야기

이자벨 콜롱바 글 알랭 필롱 그림 권지현 옮김

한울림어린이

차례

추천의 글: 환경 보호는 우리의 미래를 지키는 일　4
이야기를 시작하며　6

파란 하늘을 되찾다　차이징 📍 중국　8
플라스틱 오염을 막다　찰스 무어 📍 미국　13
빙하가 녹는 것을 막다　셰일라 와트클루티에 📍 캐나다　17
쓰레기를 재활용하다　로사노 에르콜리니 📍 이탈리아　21
물, 바람, 태양을 공유하다　쇠렌 헤르만센 📍 덴마크　25
원자력 발전을 반대하다　무토 루이코 📍 일본　30
재생 에너지를 만들다　우르줄라 슬라데크와 미하엘 슬라데크 📍 독일　37
납 중독을 고발하다　필리스 오미도 📍 케냐　41
다시 나무를 심다　왕가리 마타이 📍 케냐　44
고릴라들의 숲을 위해 목숨을 걸다　비룽가 국립공원의 경비원들 📍 콩고　49
산림 벌채를 거부하다　밥 브라운 📍 오스트레일리아　54

광산 개발에 반대하다　알레타 바운 📍 인도네시아　60
친환경 마을을 만들다　리마 타바레이 📍 레바논　64
강물을 거슬러 오르는 연어를 보호하다　러쿼람스 부족 📍 캐나다　69
숲의 약탈자를 몰아내다　춧 부티 📍 캄보디아　74
지하수 오염을 막다　사하라 사막의 인살라 주민들 📍 알제리　78

불필요한 공항 건설에 반대하다　안마리 샤보　프랑스　82

농약 살포를 반대하다　소피아 가티카　아르헨티나　86

맹그로브를 되살리다　아이다 알리　세네갈　92

생물 다양성과 농부의 자유를 보호하다　반다나 시바　인도　96

메소포타미아의 늪을 깨우다　아잠 알와시　이라크　101

바다의 불법 포획을 막다　폴 왓슨　캐나다, 미국, 프랑스　105

코끼리 대학살을 막다　파울라 카훔부　케냐　109

거대 농화학 기업에 맞서다　폴 프랑수이　프랑스　113

환경 오염의 위험을 글로 알리다　나세르 카라미　이란　117

새우 산업에 맞서 맹그로브 숲을 지키다　리데르 파리아스　에콰도르　123

알프스 계곡을 보존하다　에리 루카와 수사 계곡의 주민들　이탈리아　126

아마존 밀림을 보호하다　치코 멘데스　브라질　130

물을 다시 끌어오고 평화를 세우다　기돈 브롬버그, 나디르 알카티브, 문케스 메이아르　이스라엘, 팔레스타인, 요르단　134

자원 약탈을 막다　마르크 에상기　가봉　138

해상 보호 구역을 지키다　이스터섬의 주민들　칠레　142

오랑우탄을 구하다　비루테 갈디카스　인도네시아 보르네오　146

석유 채굴에 반대하다　니모 배시　나이지리아　151

원주민의 권리를 위해 싸우다　베르타 카세레스　온두라스　156

주요 참고 자료　160

추천의 글

환경 보호는 우리의 미래를 지키는 일

　우리는 누구나 환경 속에서 살아갑니다. 그래서 환경을 보호하는 일은 우리 모두의 미래를 지키는 일이에요.
　이 책에는 주변 환경을 지키고 보호함으로써 미래의 희망을 만드는 사람들의 이야기가 실려 있어요. 모두 우리와 다르지 않은 평범한 사람들이에요. 누군가의 아빠이고 엄마이며, 딸이고 아들이죠. 이 사람들은 우리가 먹고 마시고 숨쉬는 환경을 지키기 위해 용기를 냈어요. 작은 용기는 뜻을 같이하는 많은 사람들을 불러 모았고, 모두는 함께 더 큰 일을 이루어 낼 수 있었죠. 환경을 위해 노력하는 이 모든 사람들을 우리는 '환경 운동가'라고 불러요.
　우리나라에도 많은 환경 운동가들이 있어요. 그중에서도 최열 아저씨는 우리나라 환경 운동의 시작을 알린 환경 운동가로, 1995년에는 환경 분야의 노벨상이라 불리는 〈골드먼환경상〉을 받았답니다.

우리나라는 1970년대와 1980년대에 급격한 경제 발전을 이루면서 환경이 걷잡을 수 없이 오염되었어요. 최열 아저씨는 환경 오염의 심각성을 사람들에게 알려야겠다고 생각했죠. 그래서 1982년에 우리나라에서는 처음으로 시민과 함께 하는 환경 운동 단체 [한국 공해 문제 연구소]를 만들었어요. 1985년에는 온산공단 주변 주민들이 집단 괴질에 걸렸다는 사실을 폭로해서 사람들이 '공해병'에 대한 인식을 갖도록 했답니다. 최열 아저씨는 원자력의 위험성을 알리는 일에도 앞장섰어요. 1988년에는 [공해 추방 운동 연합]을 만들어서 원자력 발전소의 안전성 문제, 노동자의 방사능 피폭, 핵폐기물 문제 등을 알렸죠. 최열 아저씨는 지구 환경 문제로까지 환경 운동의 범위를 넓혀 지금도 활발한 활동을 이어 가고 있어요.

최열 아저씨를 비롯해서 환경을 위해 노력하는 수많은 환경 운동가와 시민들은 입을 모아 말해요. 환경을 지키는 일이 곧 우리들의 미래를 지키는 일이라고 말이죠. 환경을 지키고 보호하는 일에 양보와 타협은 있을 수 없어요. 우리가 사는 지구는 단 하나뿐이니까요. 이 책을 읽는 우리 어린이들이 환경을 소중히 여기고, 우리의 미래를 지키기 위해 작은 일이라도 용감하게 실천하고, 또 건강한 목소리를 내는 세계 시민으로 우뚝 서는 데 함께 할게요.

- 환경교육운동가 장미정

이야기를 시작하며

지금도 환경 운동가들은 지구촌 곳곳에서 환경을 지키려고 열심히 싸우고 있어요. 지구 온난화가 만드는 심각한 피해들을 해결하려고 노력하는 거예요. 이 싸움은 마치 장애물 경기 같아요. 몇몇 시민과 정치인들의 이기주의, 무관심, 무시, 비겁함, 게으름을 뛰어넘어 창의력과 끈기를 가지고 계속 앞으로 나아가니까요. 환경 운동가들이 지키려는 건 우리 지구의 땅과 숲, 그리고 물이에요.

이건 생존의 문제예요. 그 누구도 오염된 땅에서 농사를 지을 수 없고, 그 누구도 미세먼지 투성이인 공기를 들이마시며 살 수 없기 때문이에요.

환경 운동가들은 무시무시한 경제 논리와 막강한 힘을 가진 조직들에 맞서 싸워요. 다국적 기업, 정부, 불법적인 단체들은 환경을 보호해 달라는 요구에 폭력으로 맞서죠. 이들은 위협, 흑색선전, 폭력,

심지어 암살까지 서슴지 않아요. 환경 운동가들은 이런 조직들에 맞서서 평화 시위와 시민 불복종 운동을 전개해 왔어요.

시민 불복종 운동은 부당하거나 불평등하다고 느끼는 법, 규칙, 권력을 따르지 않고 평화적으로 거부하는 행동이에요. 시민 불복종 운동을 널리 퍼뜨린 사람은 20세기 인도의 간디와 미국의 마틴 루터 킹이었답니다.

이 책에 등장하는 환경 운동가들의 이름이 낯설게 느껴질지 몰라요. 그러나 이들의 활동은 〈골드먼환경상〉이나 대안 노벨상으로 알려진 〈바른생활상〉으로 평가받아 왔답니다. 환경 운동가는 환경 보호와 지구 온난화 해결에 없어서는 안 될, 지구의 내일을 지키는 진정한 영웅들이에요.

– 이자벨 콜롱바

중국

파란 하늘을 되찾다

차이징

서른아홉 살의 차이징은 중국 공영 방송국에서 일하는 인기 있는 기자였어요. 차이징은 환경 문제에 관심이 많았어요. 호흡기 전염병인 사스, 광산 사고, 공장 매연의 영향, 화학 물질로 인한 하천 오염 등을 취재하려고 전국을 누비고 다녔죠.

2013년 1월의 어느 날, 차이징은 자신이 임신했다는 걸 알았어요. 검사 결과 아이에게는 양성 종양이 있었고, 태어나자마자 수술을 받아야 했죠. 다행히 아이는 미국에서 무사히 수술을 받았지만, 차이징은 아이를 돌보기 위해 방송국을 그만두어야 했어요.

아이와 함께 베이징으로 돌아온 차이징은 매연, 오염, 악취의

중요성을 깨달았어요. 부모가 되자 아이가 마시고 먹고 숨쉬는 모든 것에 신경이 쓰였죠.

그때까지 차이징은 공기 중에 섞인 해로운 기체와 미세먼지에 신경을 쓴 적이 없었어요. 환경 오염은 도시와 멀리 떨어진 공장 지역에서만 일어나는 문제라고 믿었거든요. 하지만 엄마가 되자 오염된 공기가 신생아에게 얼마나 나쁜지 알 수 있었어요. 미세먼지는 지름이 0.25마이크로미터보다 작아서 우리 눈에는 보이지 않아요. 코나 폐에서도 걸러지지 않을 만큼 작아서, 기관지와 폐의 세포 속까지 들어와서 건강을 해치죠. 미세먼지는 석탄, 석유 등의 화석 연료를 태울 때, 자동차나 공장에서 가스가 배출될 때 많이 나온답니다.

차이징은 대기 오염 지수가 높은 날에는 아기를 데리고 외출하지 않았어요. 하지만 대기 오염 지수가 높은 날은 갈수록 많아졌어요. 2014년에는 베이징에서만 175일이나 되었죠. 어린이와 노인의 폐에 좋지 않은 오염 물질의 수치는 유난히 높았고요.

베이징의 뿌연 공기는 자연 현상으로 만들어진 안개가 아니었어요. 석탄과 석유를 태우면서 만들어진 오염의 뚜렷한 증거였죠.

차이징은 10년 전에 산시성에서 했던 취재를 떠올렸어요. 차이징의 고향이기도 한 산시성에는 석탄 광산이 많아요. 중국에서도 가장 오염이 심한 지역으로 꼽히죠. 산시성에서 만난 여섯 살 여자아이는 한 번도 밤하늘의 별을 본 적이 없다고 했어요. 낮에도 하늘 전체가 파란 건 본 적이 없다고 했고요. 이대로라면 차이징의 딸도 파란 하늘이 뭔지 모르고 자랄지 모르죠.

차이징은 기자로서의 오랜 경험을 살려 중국의 대기 오염을 다룬 다큐멘터리 〈돔 아래에서〉를 만들었어요. 완성된 다큐멘터리는 인터넷에 올려 누구나 무료로 볼 수 있도록 했고요. 기자가 각종 통계와 연구 결과를 바탕으로 환경 오염의 실체를 보여 준 건 이번이 처음이었어요. 차이징은 무기력한 정부, 산업계의 불법, 에너지 산업 분야를 담당하는 국영 기업들의 협박을 문제 삼았어요. 이들은 일자리를 제공한다는 핑계로 사람들이 환경 오염을 문제 삼을 수 없도록 만들고 있었죠.

차이징이 만든 다큐멘터리는 충격 그 자체였어요. 2000만 명이 앞다투어 다큐멘터리를 보았어요. 중국에서 인터넷을 쓸 수 있는 사람 중 3분의 1이 다큐멘터리를 본 거예요.

이틀 후, 신임 환경부 장관이던 천지닝은 이 다큐멘터리가 대기 오염에 대한 중국 국민의 인식을 높여 준다고 추켜세웠어요. 그는 이 다큐멘터리가 레이첼 카슨의 저서 《침묵의 봄》과 견줄

만하다고 평가했어요. 레이첼 카슨은 화학 물질과 살충제 오염을 비난하면서 미국 환경 운동의 시작을 이끈 사람으로, 이 책에서 미국의 환경 오염 문제를 다루었죠. 마 준 기자 역시 차이징의 다큐멘터리가 중국의 변화를 이끌 거라고 했어요. 마 준은 중국의 탐사 보도 기자이자 [공공 환경 문제 연구소]라는 비정부 기구를 만든 사람이었죠.

차이징은 다큐멘터리를 만든 것에서 멈추지 않고 사람들에게 함께 나서자고 했어요.

"언젠가 수만 명의 평범한 사람들이 '아니오!'라고 외칠 겁니다. 만족하지 못한다고, 더 이상 기다릴 수 없다고, 책임을 피하고 싶지 않다고 말할 겁니다. 저는 행동해야 했습니다. 무언가를 해야 했습니다. 그리고 지금 바로 여기서 변화가 시작될 겁니다."

중국은 개인보다 사회를 우선시하는 사회주의 국가예요. 이런 나라에서 변화가 시작될 거라는 차이징의 말은 국가를 뒤엎겠다는 뜻으로 여겨졌어요. 차이징의 다큐멘터리는 인터넷에 올라간 지 6일 만에 사라졌고 지금도 찾을 수 없어요. 하지만 변화는 일어났어요. 시민들이 환경의 중요성을 깨달았다는 사실만으로도 변화의 큰 걸음은 이미 시작된 거예요.

미국

플라스틱 오염을 막다

찰스 무어

어릴 때부터 배를 탔던 캘리포니아의 뱃사람 찰스 무어는 1997년에 요트 경기에 나갔어요. 그는 지름길을 찾아 하와이와 로스앤젤레스 사이로 요트를 몰았어요. 바람은 잔잔하고 바다는 고요했어요. 요트는 거의 움직이지 않았죠.

찰스는 갑판에 올라 수평선을 바라보다가 문득 바다가 투명한 쓰레기에 뒤덮여 있다는 사실을 깨달았어요. 찰스는 악몽을 꾸는 기분이었어요. 거대한 플라스틱 쓰레기더미는 끝없이 펼쳐져 있었고, 찰스가 이곳을 완전히 벗어나기까지는 일주일이 걸렸어요.

훗날 언론이 '제7의 대륙' 또는 '쓰레기섬'이라고 이름 붙인

이 쓰레기더미는 북태평양 해류의 거대한 소용돌이에 밀려온 플라스틱, 병, 병마개, 포장재의 무덤이었어요. 섬이나 대륙이라는 표현을 쓰지만, 사실 쓰레기섬은 투명해서 위성에도 잡히지 않아요. 그 위를 걸어 다닐 수도 없죠. 이곳의 플라스틱들은 해류에 떠밀릴 뿐, 절대로 사라지지 않아요. 미생물들은 플라스틱을 분해하지 못하니까요. 플라스틱은 바닷물, 염분, 태양의 영향을 받으면 천천히 아주 작은 알갱이들로 부서질 뿐이에요.

집에 돌아온 찰스는 그동안 운영하던 목공 회사를 닫았어요. 그리고 몇 년 전에 자신이 설립한 [알갈리타 해양 연구와 교육] 재단에서 플라스틱 오염 문제와 플라스틱이 생태계에 미치는 영향을 연구하는 데 온 힘을 쏟았어요. 한편으로는 이 환경 재앙을 대중과 세계 지도자들에게 알리기 위해 노력했어요. 찰스의 노력으로 전 세계는 태평양 한가운데 만들어진 쓰레기섬의 존재를 알게 됐죠.

찰스는 이 분야의 전문가가 되었어요. 그의 연구팀은 26만 9000톤의 플라스틱 폐기물이 바다를 덮고 있으며, 전 세계 모든 바다 밑을 오염시키고 있다는 사실을 증명했어요. 바다로 흘러드는 플라스틱은 80퍼센트가 육지에서, 20퍼센트가 선박과 석유 생산 플랫폼에서 나온다는 사실도 알아냈죠.

석유 생산 플랫폼은 바다 밑에서 석유를 끌어올리는 시설이에요. 탄화수소를 분리하고 처리하는 과정에서 여러 오염 물질을 만들어 내죠. 탄화수소는 환경 오염의 주범이랍니다. 탄화수소가 공기 중으로 나오면 질소산화물과 햇빛을 만나 오염 물질을 만들어 내거든요. 이 오염 물질은 동식물에게 갖가지 질병을 일으키죠.

바다의 오염은 북태평양에서만 보이는 게 아니에요. 남태평양, 인도양, 북대서양, 남대서양에서도 비슷한 현상이 나타나고 있거든요. 죽은 고래의 배 속에서 플라스틱 17킬로그램이 발견된 적도 있어요.

플라스틱은 모든 생명체에게 아주 위험해요. 플라스틱 알갱이는 스펀지처럼 중금속을 흡수하는데다, 농약이나 탄화수소 등 생물에게 위험한 화학 물질들을 모두 담고 있기 때문이에요. 찰스는 지구의 모든 바다가 오염되었으며, 바다를 청소하는 일은 불가능하다고 말해요. 그는 플라스틱이 더 이상 바다로 흘러들지 않도록 플라스틱 생산을 멈추는 것만이 해결 방법이라고 주장하고 있어요.

캐나다

빙하가 녹는 것을 막다

셰일라 와트클루티에

　셰일라 와트클루티에는 1953년에 캐나다 퀘벡주 북부 누나빅의 이누이트족 마을에서 태어났어요. 일찍 어머니를 여읜 셰일라는 아버지와 할머니 밑에서 자연을 존중하는 원주민들의 전통을 따라 생활했어요. 덕분에 혹독한 기후 조건에서 살아가는 데 반드시 필요한 용기와 참을성, 끈기와 침착함, 얼음 읽는 법을 배울 수 있었어요. 개 썰매를 타고 얼음 위를 누빌 때면 앞으로 더 나아갈 수 있는지 없는지를 알 수 있었죠.
　하지만 요즘은 얼음을 읽는 일이 점점 힘들어지고 있어요. 지구 온난화로 빙하가 언제 녹아내릴지 모르기 때문이에요.
　북극은 '지구의 건강 지표'와도 같아요. 지구 온난화로 인한

변화들이 가장 먼저 나타나는 곳이기 때문이지요. 오늘날 북극의 빙하는 빠른 속도로 녹고 있어요. 그 영향으로 수많은 동식물들이 멸종 위기에 처했고, 이누이트족뿐 아니라 북극 지역에 사는 많은 사람들이 큰 피해를 입고 있어요.

셰일라는 북극에 사는 사람들의 권리를 보호하기 위해 지구 곳곳을 누비고 있어요. 북극의 빙하가 녹아내리면 이누이트들의 집과 도로, 공항이 피해를 입을 뿐만 아니라 토양이 변하거나 깎이고, 산사태가 일어나고, 먹는 물이 오염되고, 음식을 서상하는 얼음 동굴이 녹고, 새로운 종의 새, 물고기, 곤충이 출현한다는 걸 알기 때문이죠.

셰일라는 지금 북극에서 일어나는 일들이 머지 않은 미래에 세계 곳곳에서 일어날 거라고 말해요. 1년 내내 얼어 있던 땅이 녹으면 수백 년 전부터 지하에 쌓여 있던 메탄이나 이산화탄소 등이 공기 중으로 뿜어져 나오면서 환경 재앙이 시작될 거라고요.

셰일라는 눈에 보이지 않는 가치의 소중함도 이야기해요. 지구 온난화는 이누이트 고유의 문화, 정체성, 전통, 세계관을 사라지게 할지도 몰라요. 이누이트 마을이 수천 년 동안 사냥하면서 쌓아 온 나눔과 필요한 것만 취할 줄 아는 지혜 역시 사라질지도 모르죠. 무엇보다 셰일라는 자신의 손자에게 이누이트 마을이 물에 잠기는 모습을 보여 주고 싶지 않아요.

셰일라는 추울 권리, 다시 말해 자신의 가치에 따라 살 권리를 주장해요. 셰일라는 또한 '환경 정의'를 주장해요. 온실 가스를 내보낸 적 없는 이누이트와 저개발 국가 국민들이 지구 온난화 때문에 위험에 처하는 건 옳지 않다고 말하죠.

셰일라는 캐나다, 미국, 그린란드, 러시아의 자치구에 사는 이누이트 15만 명을 대표하는 단체를 만들었어요. 그리고 2004년에는 세제, 비누 등의 유기 오염 물질을 북극에 배출하지 못하도록 금지했어요. 유기 오염 물질은 휘발성이 강하고 독성이 있는 데다 자연에서는 거의 분해되지 않기 때문에 먹이사슬의 윗단계에 있을수록 몸안에 더 많이 쌓이기 때문이에요.

최근에 셰일라는 걱정이 늘었어요. 빙하가 녹으면 북극의 땅 밑을 개발해서 석유를 얻으려는 석유 회사들 때문이에요. 다국적 석유 기업들은 일자리와 돈으로 이누이트들을 속이고 있어요. 사실 이들은 짧은 시간 안에 벌어들일 이익에만 눈이 어둡죠. 셰일라는 이 사실을 이누이트들에게 적극적으로 알리고 있어요.

이탈리아

쓰레기를 재활용하다

로사노 에르콜리니

　로사노 에르콜리니는 자신의 고향 이탈리아 토스카나주 카판노리에서 초등학교 1학년 학생들을 가르치는 선생님이에요. 로사노는 어떤 것도 쉽게 버려서는 안 된다고 믿어요. 또 세상 모든 물건은 재활용되어야 한다고 생각하죠. 그래서 학교에 농학자를 초청해 아이들과 함께 커피 찌꺼기에서 버섯을 키우는 실험을 했어요. 실험은 성공적이었고, 아이들은 버섯 스파게티를 맛있게 먹을 수 있었어요.
　로사노는 일회용 물건이 넘쳐나는 현대 산업 사회가 잘못되었다고 생각해요. 기업이 상품을 개발할 때는 그 상품을 재활용할 방법도 함께 생각해야 한다고 주장하죠.

로사노는 재활용도 안 되고 재사용도 안 되는 물건들에 '산업의 실수'라는 이름을 붙여서 전시하기도 했어요.

로사노는 쓰레기에도 관심을 기울여요. 그는 사람들이 버린 쓰레기에서 산업의 실수들을 찾다가 재활용도 안 되고 태울 수도 없는 일회용 커피 캡슐이 엄청 많다는 사실을 알게 되었어요. 이 캡슐은 오랜 시간이 지나도 작은 알갱이들로 부서질 뿐, 영원히 없어지지 않을 쓰레기였죠. 로사노는 당장 캡슐을 만드는 회사에 전화를 걸어서 재활용할 방법을 연구하라고 요청했어요.

1994년에 로사노는 집 근처에 대규모 쓰레기 소각장이 들어선다는 소식을 들었어요. 로사노는 이 계획에 반대했어요. 쓰레기를 태우면 환경과 인간에게 해로운 화학 물질들이 나오기 때문이에요. 로사노는 한걸음 더 나아가 카판노리 시청을 설득했어요. 쓰레기를 줄이는 진정한 개혁을 시작해야 한다고 말이죠. 한편으로 로사노는 카판노리 주민들을 설득했어요. 쓰레기를 한순간에 없애는 마법은 없지만 줄일 수는 있다고 말이에요.

쓰레기를 줄이는 첫걸음은 쓰레기를 쓰레기로 보지 않는 거예요. 우리가 버리는 물건의 대부분은 수리하거나 분해하여 다시 쓸 수 있어요. 재활용을 하려면 버리는 물건들을 최대한 빨리 분류해서 따로 모아야 하죠.

카판노리 시청은 각 가정의 쓰레기 수거를 담당했어요. 음식 찌꺼기와 채소 껍질 등의 유기물, 종이, 유리, 금속으로 분리 배출된 물건들을 모은 다음, 오염된 것과 오염되지 않은 것으로 하나하나 다시 분류했어요. 오염된 물건은 다시 사용할 수 없으니까요. 카판노리 주민들도 버려지는 물건을 줄이기 위해 노력했어요. 철저하게 분리배출을 하려고 노력했고요.

그 노력이 결실을 맺어서 각 가정의 쓰레기는 40퍼센트나 줄어들었어요. 재활용이 안 되는 쓰레기는 57퍼센트나 줄어들었고요. 2006년에 1인당 340킬로그램이었던 쓰레기가 2011년에는 146킬로그램으로 크게 줄었어요. 로사노의 요청대로 쓰레기 소각장도 다섯 군데가 폐쇄되었답니다.

로사노는 주민들의 참여가 있었기 때문에 이런 변화가 가능했다고 말해요. 전 세계적으로 더 많은 시민들이 참여한다면 지구 전체의 오염도 줄어들 테죠.

물, 바람, 태양을 공유하다

쇠렌 헤르만센

어쩌면 마법사는 우리가 상상하는 모습과 다를지도 몰라요. 쇠렌 헤르만센에게는 끝이 뾰족한 마법 모자도, 왕자를 두꺼비로 만드는 마법의 지팡이도 없어요. 하지만 쇠렌은 전 세계 최초로 덴마크 북해의 외딴 섬 '삼소'를 에너지 자급을 이룬 성공 모델로 만드는 데 성공했어요.

처음부터 성공적이었던 건 아니에요. 1990년대 말에는 삼소 섬도 원유와 휘발유를 수입했어요. 대륙에 있는 석탄 발전소가 해저 전선으로 전기를 공급해 줬지요. 섬에서 사용하는 에너지는 모두 천연가스, 석탄, 석유로 만들어진 화석 에너지였어요. 화석 에너지는 수백만 년 전에 땅에 묻힌 동식물에서 만들어진 거예요. 그래서 땅이나 바다 밑을 깊게 파는 시추를 해야만 얻을 수 있고, 쓸 수 있는 양이 정해져 있어요. 재생되지도 않죠.

처음 노력을 시작한 건 덴마크 정부였답니다. 덴마크는 석유 위기를 맞아 국제 유가가 폭발적으로 올랐던 1973년에 특히 많은 피해를 입은 나라예요. 덴마크 정부는 이때부터 적극적으로 재생 에너지를 개발하기 시작했어요.

재생 에너지는 자연에 존재하는 태양열, 지열, 물, 공기, 바람 등에서 얻는 에너지예요. 계속 사용해도 없어지지 않을 뿐 아니라, 온실 기체도 거의 만들어 내지 않죠.

1990년대 말이 되자 덴마크 정부는 100퍼센트 재생 에너지만으로 10년 안에 에너지 자립을 가능하게 하는 개발 계획을 만들었어요. 그리고 이 계획을 실행할 첫 번째 지역으로 삼소섬을 선정했죠. 사람들은 깜짝 놀랐어요. 당시 삼소섬에 사는 주민은 2800명뿐인데다, 66세 이상 노인 인구가 20퍼센트를 넘어서고 있었거든요. 게다가 대부분의 사람들은 재생 에너지 개발에 소극적이었어요.

평소 환경 교육에 관심이 있던 농부 쇠렌은 재생 에너지 분야에서 삼소섬이 가진 가능성과 기회를 봤어요. 쇠렌은 모든 회의에 참석해서 자신의 신념을 알리며 사람들을 녹색 혁명으로 이

끌었어요. 쇠렌은 기업이 변화를 만들어 주기를 기다리지 말자고, 우리가 가진 기술을 이용해서 우리 스스로 변화하자고 했어요. 쇠렌의 말은 장 폴 조드 감독의 영화 〈리브레!〉에도 실려 있죠. 영화에서 쇠렌은 이렇게 말해요.

"우리는 바람, 태양, 그리고 아주 많은 것을 공유합니다. 누군가는 에너지를 소유하고 누군가는 그 에너지를 사야 한다면 우리 모두는 자유롭지 못할 겁니다. 우리 스스로 에너지를 생산하고 에너지를 돌려받으면 우리는 그만큼 더 자유로워질 겁니다."

쇠렌은 마침내 삼소섬 주민들을 설득했어요.

사람들은 가장 먼저 풍력 발전기 열한 개를 설치했어요. 아홉 개는 농장주들이, 두 개는 450명의 주민들이 참여한 협동조합이 사서 설치했죠. 얼마 지나지 않아 크고 작은 풍력 발전기가 섬을 수놓았어요. 주민 모두가 자신의 풍력 발전기를 가지고 있었어요. 삼소섬은 '바람의 섬'이라고 불릴 만큼 바람이 많이 부는 곳이에요. 풍력은 삼소섬이 가진 가장 큰 재생 에너지원이죠.

사람들은 조금씩 또 다른 프로젝트의 자금을 마련하기 시작했어요. 농부들은 밀짚으로 전기를 만들어 내는 발전기 세 개를 만들었고, 태양 에너지와 톱밥을 이용하는 네 번째 발전기도 가동을 시작했어요. 태양열 전지판도 섬 곳곳에 설치되었고요. 휘발유로 움직이는 차들은 전기나 바이오 연료를 쓰는 차로 바꾸었어요. 이 과정에서 다국적 기업 한 곳이 투자를 제안했지만 주민들은 거절했어요. 누구에게도 구속받고 싶지 않았으니까요.

개발 계획이 시작된 지 18년 만에 삼소섬 주민들은 생태발자국을 140퍼센트나 줄였어요. 생태발자국은 사람들의 활동이 자연 생태계에 남기는 영향을 발자국으로 환산한 수치예요. 수치가 클수록 지구에 많은 피해를 입힌다는 뜻이죠. 1996년에 캐나다 경제학자 마티스 웨커네이걸과 윌리엄 니스가 만든 개념이랍니다.

삼소섬 사람들은 풍력, 태양열, 바이오매스를 이용한 재생 에너지로 에너지 자급에도 성공했어요. 바이오매스는 식물, 동물, 미생물 등 살아 있는 생물에게서 얻는 에너지를 말해요. 곡물, 식물, 폐목재, 해조류, 동물의 분뇨, 음식물 쓰레기, 유기성 폐수 등은 바이오매스 에너지를 만들어 내는 원천이죠. 바이오매스는 재생·재활용이 가능하며 친환경적이고 어느 곳에서나 쉽게 얻을 수 있어요. 온실 기체도 거의 만들어 내지 않죠.

그뿐만이 아니에요. 삼소섬은 에너지를 수출하기도 한답니다.

쇠렌은 등대에서 바닷가에 설치된 풍력 발전기들을 내려다보며 확신했어요. 변화를 일으키려면 '지역 차원에서 생각하고 행동해야 한다'고 말이에요.

일본

원자력 발전을 반대하다

무토 루이코

    무토 루이코는 본래 장애 아이들을 가르치는 교사였어요. 무토가 원자력 발전에 관심을 갖기 시작한 건 체르노빌 원전 사고를 본 다음부터였어요.
    원자력 발전은 농축 우라늄으로 에너지를 만드는 방식이에요. 우라늄을 분열시키면 엄청난 열이 발생하는데, 그 열로 물을 데워서 수증기를 만들고, 이 수증기가 터빈을 돌려서 전기를 만드는 거예요. 그런데 1986년 4월 26일에 우크라이나의 체르노빌에서 원자력 발전 역사상 가장 끔찍한 사고가 일어났어요. 4번 원자로에서 엄청난 규모의 폭발이 일어나면서 어마어마한 양의 방사능이 공기 중으로 쏟아져 나온 거예요. 이 사고는 국제 원자력 사고 등급(INES) 중 가장 심각한 7급으로 분류되었어요.

고농도 방사선 때문에 발전소 주변의 숲이 파괴되었고, 반경 30킬로미터에는 접근 금지 표시가 설치되었어요. 100여 개에 달하는 마을이 폐허가 되었고요. 30년이 넘는 시간이 흘렀지만 지금도 체르노빌 원전 주변에는 출입이 금지된 곳이 있어요.

인명 피해의 정도는 통계마다 달라요. 그린피스는 10만에서 40만여 명이 방사능에 오염되어 목숨을 잃어 가고 있다고 주장했어요. 우크라이나 정부는 이 사고로 500만여 명이 직접 또는 간접적으로 고통 받고 있다고 보았죠.

같은 해, 무토는 서른여섯 살이던 언니를 백혈병으로 잃었어요. 병의 원인은 알 수 없었지만 무토는 어렸을 때 자주 들은 얘기를 떠올렸어요.

"비를 맞으면 안 돼. 중국, 미국, 소련이 핵 실험을 한다고."

일본은 제2차 세계 대전이 막바지로 치닫던 1945년 8월 9일, 미국 공군이 일본 히로시마에 떨어뜨린 원자 폭탄의 피해를 고스란히 경험한 나라예요. 일본 사람들은 대기를 오염시키는 핵 실험을 경계해요. 방사능이 사람에게 미치는 영향을 경험으로 알고 있으니까요. 히로시마 원폭 사건으로 일본이 무조건 항복하면서 6년 동안 이어진 제2차 세계 대전은 끝이 났지만, 방사

능 오염이 가져온 질병은 오늘날까지도 일본 사람들을 괴롭히고 있어요.

체르노빌 원전 사고는 히로시마에 떨어진 원자 폭탄보다 몇 배나 많은 오염 물질이 발생한 사고였어요. 이날 이후로 무토는 핵과 인간의 생명이 함께할 수 없다고 확신했어요. 무토는 삶의 방식을 완전히 바꿔야 한다고 믿었죠.

20여 년이 지난 2003년에 무토는 자연 속에 찻집을 열었어요. 원자력 발전에 저항하는 무토만의 방식이었죠. 무토는 태양열 집열판을 설치해서 에너지를 자급자족하고 텃밭을 가꾸며 검소하게 생활했어요. 사람들은 도토리 카레와 신선초 국을 맛보려고 무토의 찻집을 찾아오곤 했죠. 신선초는 이 지역 특산물이었거든요.

그러나 2011년 3월 11일 이후로 모든 것이 달라지기 시작했어요. 이날 무토는 우르르 쾅쾅 산이 갈라지는 듯한 굉음을 들었어요. 이어서 땅이 아주 심하게 흔들리기 시작했어요. 일본 후쿠시마에 진도 9의 지진이 일어난 거예요. 지진은 무토가 운영하던 찻집에도 큰 피해를 입혔어요. 문득 무토의 머릿속에 45킬로미터 떨어져 있는 후쿠시마 원자력 발전소가 스쳐 지나갔어요.

'발전소는 괜찮을까?'

그날 저녁, 무토는 라디오에서 지진에 뒤이어 쓰나미가 발생하면서 원자력 발전소가 가동을 멈췄다는 소식을 들었어요. 전문가는 아니었지만 무토는 상황이 얼마나 심각한지 알 수 있었어요. 45킬로미터 떨어진 이곳까지 미쳐 올 피해도 짐작할 수 있었고요. 무토는 눈보라를 뚫고 이웃집 문을 하나씩 두드렸어요. 그리고 자신의 어머니와 이웃 노인들을 모시고 발전소 반대 방향으로 도망치기 시작했어요.

후쿠시마 원전 사고는 1800제곱킬로미터에 달하는 지역을 방사능에 오염시켰어요. 약 17만 명의 주민이 자신이 살던 지역을 떠나야 했죠.

후쿠시마 원전 사고가 일어난 다음 날, 무토는 단체를 만들었어요. 그리고 일본 정부와 후쿠시마 원전의 운영을 맡았던 도쿄전력을 상대로 소송을 시작했어요. 사고에 대한 해명도 요구했죠. 한편으로 무토는 후쿠시마 지역의 여성들과 모임을 만들고 시위 운동도 하면서 아이들이 방사능 없는 곳에서 나고 자랄 수 있는 권리를 갖도록 힘썼어요.

무토는 또한 원전 사고의 희생자들이 만든 단체들을 연결해 주는 '히단렌'의 공동 의장이 되었어요. 무토는 히단렌 활동을 통해 아이들에게서 갑상선암 발병률이 증가하고 있음을 알렸고,

정부가 국민들의 질병과 재앙의 심각성을 축소하려 한다고 고발했어요. 세계 3위의 원자력 대국인 일본에서 무토는 누구도 감히 용기를 내지 못했던 싸움을 시작한 거예요.

2016년 2월 29일, 무토가 이끄는 시민 단체는 도쿄 전력에서 경영자로 일했던 3명을 고소했어요. 쓰나미가 발생했을 때 일어날 수 있는 물질적 피해와 인명 피해를 예방하기 위해 아무 조치도 취하지 않았던 경영진에게 책임을 묻는 첫걸음이었죠.

독일

재생 에너지를 만들다

우르줄라 슬라데크와 미하엘 슬라데크

우르줄라 슬라데크와 미하엘 슬라데크 부부는 1986년 4월 26일, 우크라이나의 체르노빌에서 원자력 발전소 사고가 일어났던 그날 밤을 잊지 못해요. 우르줄라와 미하엘은 체르노빌에서 2000킬로미터 떨어진 독일 슈바르츠발트의 쇠나우에 있었어요. 그해 마흔이던 두 사람은 유럽 전역을 뒤덮을 방사능 구름을 생각하며 충격과 분노로 밤을 지새웠어요. 방사능을 실은 공기 덩어리가 2000킬로미터를 이동해 오는 일은 순식간에 일어날 테니까요.

이튿날부터 부부는 아이들을 밖에 나가지 못하도록 하고, 정원에서 키우던 채소도 모두 버렸어요. 매우 심각한 상황이었지만 독일 정부는 체르노빌 사고와 관련한 대책을 내놓지 않고 있었어요. 이 사고가 독일에 미치는 영향을 축소하려는 것만 같았죠. 당시 독일은 원자력 발전소 열일곱 곳을 가동 중이었지만, 정부는 에너지 정책을 검토하려는 시도조차 하지 않았어요.

우르줄라와 미하엘은 그 전까지 정치에 관심이 없던 사람들이었어요. 부부가 사는 곳은 주민이 2500명밖에 되지 않는 작은 도시였고, 미하엘은 평범한 마을 의사였거든요. 하지만 더 이상 가만히 있을 수는 없었어요. 변화를 일으키려면 직접 나서야 했죠. 두 사람은 전기 생산 방식을 바꿔야 이 문제를 해결할 수 있다고 생각했어요. 그래서 서둘러 [탈원전 미래를 위한 부모들]이라는 단체를 만들고, 아이들의 미래를 걱정하는 부모들과 더이상 무기력하게 있을 수 없다고 생각하는 사람들을 모았어요. 이들은 입을 모아 "원자력에 반대한다!"고 외쳤지요.

독일 정부가 에너지 부문의 규제 완화를 결정하자 우르줄라는 정부에 쇠나우 지역의 전기 공급권을 신청했어요. 주민들은 우르줄라의 제안에 깜짝 놀랐어요. 우리가 무슨 수로 전기 공급망을 운영하겠느냐고 반대하는 사람들도 있었어요. 전기 요금이 폭등할까 봐 걱정하는 사람들도 있었고요. 찬성하는 쪽과 반대하는 쪽의 의견이 팽팽하게 맞섰어요.

하지만 우르줄라는 주민들을 설득했어요. 정부의 승인도 받아 냈고요. 우르줄라는 EWS라는 회사를 맡아 운영하기 시작했어요. 수력 발전소 두 곳을 재가동시켰고 풍력 발전소를 지었어요. 또 태양열 집열판을 설치해서 원자력에 의지하지 않고 전기를 생산했죠. 그로부터 30여 년이 지난 지금 우르줄라의 회사는 쇠나우뿐만 아니라 독일 전역으로 전기를 공급하고 있어요. 95퍼센트 재생 에너지로 생산한 전기가 15만여 명에 이르는 개인과 기업에게 전달되고 있죠. 성당이 태양열 집열판으로 뒤덮인 게 흠이라면 흠이랄까요?

독일 정부도 2011년에 탈원전을 선언했어요. 정부는 2022년까지 원자력 발전소를 모두 폐지하겠다는 정책을 발표했죠. 단계적으로 원자력 발전소가 가동을 멈췄고, 태양광과 풍력을 이용한 재생 에너지 생산은 점차 늘어났어요. 2017년 현재 독일은 에너지 자급에 성공했을 뿐 아니라, 주변 나라들에 에너지를 수출하고 있답니다.

치명적인 위험에도 불구하고 여전히 많은 나라들은 원자력 발전에 의존하고 있어요. 대표적인 나라는 프랑스로, 전체 전기량의 76퍼센트를 원자력 발전소에서 얻는다고 해요. 대한민국은 전체 전기량의 26퍼센트를 원자력 발전으로 얻고 있어요.

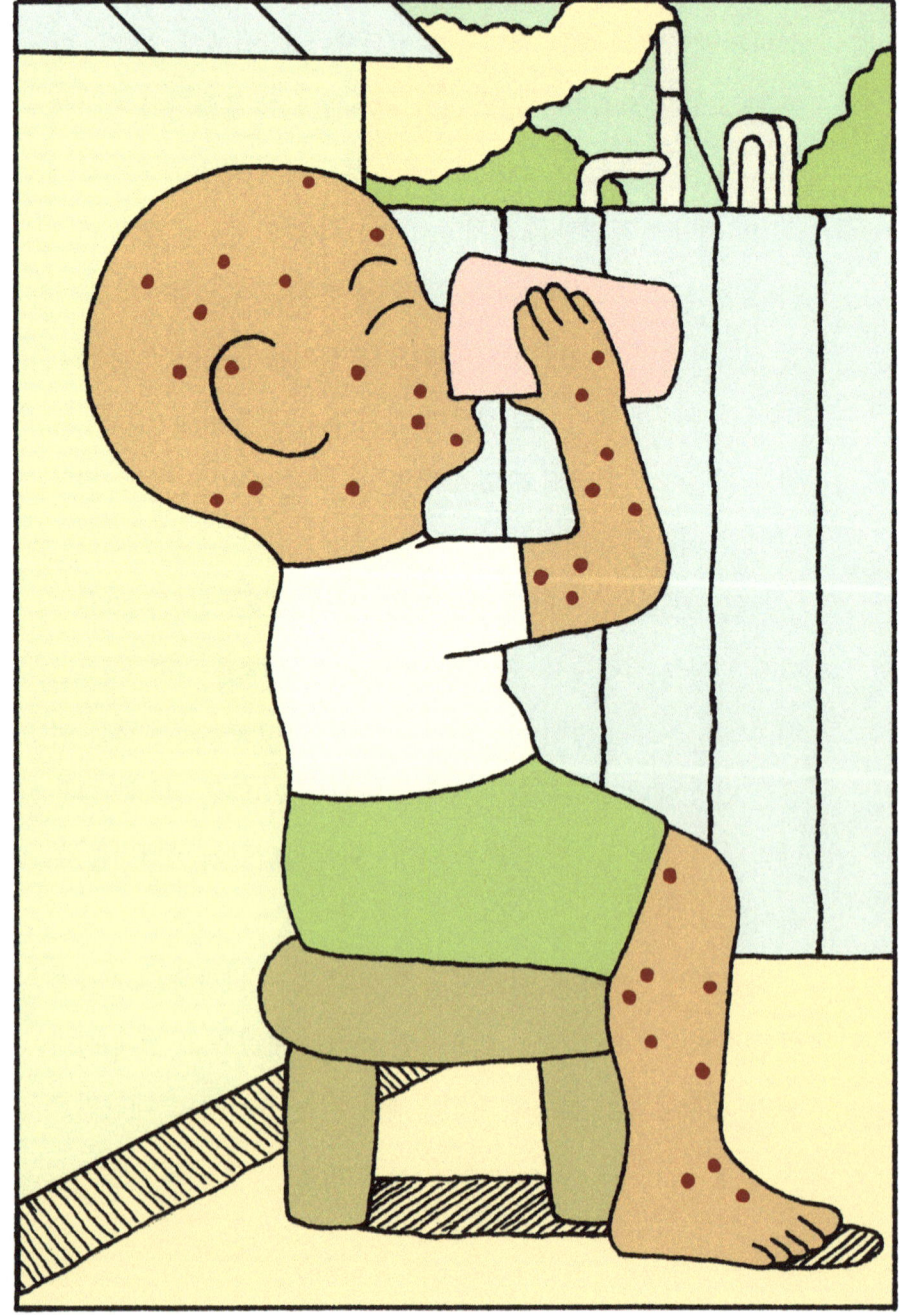

케냐

납 중독을 고발하다

필리스 오미도

스물아홉 살의 필리스 오미도는 케냐 남부의 도시 몸바사에서 한 제련 공장의 컨설턴트로 취직되었어요. 필리스는 하늘을 날아갈 듯 기뻤답니다. 공장이 승용차와 주유비, 높은 연봉까지 약속했기 때문이에요. 제련 공장은 광석을 용광로에 넣고 녹여서 필요없는 물질을 걸러 내고 필요한 금속만 남기는 곳이에요. 필리스는 이 공장에서 나오는 화학 물질들을 검사하고 이것이 주변에 미치는 영향을 평가하는 일을 맡았어요.

필리스는 성실하게 자료를 모으고 분석했어요. 그리고 이 공장을 폐쇄해야 한다는 결론을 내렸어요. 공장이 들어설 때 환경 보호 규정을 전혀 지키지 않았기 때문이에요. 필리스는 경영진에게 하루 빨리 공장을 폐쇄하고 다른 지역에 다시 지어야 한다고 했지만, 경영진은 필리스의 말을 듣지 않았어요.

그러던 어느 날, 필리스는 자지러질듯 우는 아들을 안고 병원으로 갔어요. 의사들은 납 중독이라고, 필리스가 젖을 물릴 때 아이가 납에 중독되었다고 진단했어요. 필리스는 충격에 빠졌어요. 납이 몸속에 들어가면 굉장히 위험해요. 신경과 뇌에 나쁜 영향을 미쳐서 아이의 성장을 방해하거든요.

필리스는 납이 공장의 화학 폐기물에서 나왔다고 생각했어요. 제련 공장 근처로 이사하고 몇 주 지나지 않아 아들이 아프기 시작했기 때문이에요. 필리스의 생각이 맞다면 동네 다른 아이들도 납에 중독됐을 가능성이 높았어요. 혈액 검사를 해 보니 필리스의 생각이 옳았어요. 공장은 주변의 공기, 물, 땅을 모두 오염시키고 있었죠.

공장 경영진은 필리스에게 아들의 치료비를 대 줄 테니 마을 사람들에게는 아무 말도 하지 말라고 했어요. 처음에 필리스는 이 제안을 받아들였어요. 하지만 자신을 케냐 최고의 명문 학교인 나이로비 대학교에 보내려고 온갖 애를 썼던 어머니를 떠올리자, 더 이상 침묵할 수 없었어요.

필리스는 오위노 우후루의 주민 3000여 명을 대표해서 싸우기로 마음먹었어요. 그녀는 주민들에게 진실을 알리고 함께 맞서 싸우자고 했어요. 하지만 설득은 쉽지 않았어요. 주민들은 필리스가 자신을 해고한 공장에 복수하는 거라고, 마을의 발전을 가로막고 있다고 비난했어요. 수돗물을 마시면 안 된다고 말하는 필리스를 정신 나간 사람 취급하기도 했어요. 그도 그럴 것이 생수를 사 먹는 건 가난한 주민들에게 사치였거든요. 당시 케냐에서는 작은 물 한 통이 20실링이었는데, 성인 남자 한 명이 하루에 버는 돈이 100실링(약 1300원)이 채 안 되었어요.

그러나 공장에서 일하던 사람들이 원인을 알 수 없는 중병에 걸리고 결국 그중 한 명이 죽자, 주민들은 필리스의 말이 맞다는 걸 깨달았어요. 주민들은 들고 일어났어요. 필리스는 세계 여러 나라와 국제기구들에 편지를 보내는 한편, 시위 운동을 시작했어요. 그녀는 국제기구들의 지지를 얻고 비정부 기구인 [정의 환경 행동 센터]를 만드는 과정에서 수많은 위협을 받았고, 심지어 납치될 뻔하기도 했어요. 그러나 필리스의 노력은 헛되지 않았어요. 2014년에 마침내 제련 공장이 폐쇄되었으니까요.

필리스의 싸움은 지금도 계속되고 있어요. 오위노 우후루 주민들이 무료로 치료를 받고 또 무료로 식수를 받아 마실 수 있을 때까지 그녀의 싸움은 멈추지 않을 거예요.

케냐

다시 나무를 심다

왕가리 마타이

　왕가리 마타이의 남편은 아내가 공부를 너무 많이 한데다 성격도 강하고 고집도 세다고 불평이었어요. 1971년에 동아프리카 최초의 여성 이학 박사인 왕가리와 결혼하면서도 아내의 뛰어난 능력과 포기를 모르는 기질을 눈치채지 못한 걸까요? 왕가리의 남편은 1977년에 판사를 찾아갔어요. 왕가리가 무슨 일이든 앞장서서 해결하려 드는 여자라서 도저히 같이 살 수 없다며 이혼하겠다고 하소연했죠. 판사는 그 심정을 이해한다면서 남편의 손을 들어 주었고요. 이해할 수 없는 판결에, 왕가리는 무능력하고 썩은 판사라고 쏘아붙였어요.
　왕가리는 이혼한 다음에도 나이로비 대학교 수의학과에서 생

물학과 해부학을 가르치며 활발한 활동을 이어 갔어요. 그러던 어느 날, 왕가리는 모든 계층의 여성들이 참여하는 페미니스트 모임에 참석했다가 반가운 사람들을 만났어요. 왕가리가 태어나 자란 리프트 밸리주에서 온 여자들이었죠. 왕가리는 이들과 대화를 나누다가 고향의 자연 환경이 달라졌다는 사실에 충격을 받았어요. 왕가리는 비옥한 땅과 커다란 호수를 기억하고 있었지만, 여자들이 말하는 리프트 밸리주에는 건조한 땅, 메마른 강, 부족한 물과 땔감이 있을 뿐이었죠. 케냐의 농촌에서 그동안 무슨 일이 벌어진 걸까요?

케냐는 1963년에 영국으로부터 독립했어요. 그 후로 대규모 산림 벌채가 시작되었죠. 사람들은 산과 숲에서 나무를 베고 대나무 숲을 태웠어요. 잡풀과 덤불들도 깎아 냈죠. 농장주들은 숲이 사라진 자리에 수출용 소나무와 유칼립투스를 심었어요. 나무와 숲이 사라지자 케냐에서는 토양이 변하거나 깎이는 침식 현상이 빠른 속도로 진행되었어요.

지금도 세계 곳곳에서는 산림 벌채가 진행 중이에요. [그린피스]에 따르면 400년 전에는 지구 표면의 66퍼센트를 차지하던 숲이 2015년에는 30퍼센트로, 2018년에는 20퍼센트 이하로 줄어들었다고 해요. 지금 이 순간에도 2초마다 축구장 한 개 면

적의 숲이 사라지고 있죠. 나무는 자라면서 이산화탄소를 빨아들이고 산소를 내뿜어요. 숲은 공기를 깨끗하게 만들어 주는, 인간에게 꼭 필요한 존재죠. 하지만 나무를 태우거나 썩게 내버려 두면 이산화탄소가 나온답니다.

왕가리는 여성들을 모아 [그린벨트운동]이라는 단체를 만들고, 묘목을 만들었어요. 농부들은 이 묘목을 심어 '땅에 옷을 입히고' 숲이 되살아나도록 했죠. 이 운동에 참여한 여성들은 나무를 베지 않으면서 땔감을 마련하는 법을 배웠어요. 그린벨트운동은 수천 개의 일자리를 만들었고 여성들이 고위직에 올라갈 수 있는 가능성을 열어 주었답니다. [그린벨트운동]은 지난 30년 동안 3000만 그루가 넘는 나무를 심었어요. 지금도 산림 벌채, 물 부족, 사막화, 농촌 지역의 굶주림 문제를 해결하려고 노력하고 있죠.

왕가리는 1978년에서 2002년까지 독재 권력을 누렸던 대니얼 아랍 모이 대통령의 반대파였어요. 정부가 숲의 나무들을 베고 고급 주택과 호텔을 지으려는 부동산 개발 계획을 발표하자, 왕가리는 반대 목소리를 높였어요. 1998년에는 대통령의 계획을 비난했다는 이유로 감옥에 가기도 했죠. 1999년에는 산림 벌채를 반대하며 나이로비 숲에 나무를 심다가 누군가에게 공격 당해 부상을 입었어요.

하지만 대다수의 국민들은 왕가리의 활동을 지지했어요. 왕가리의 활동은 아프리카의 환경은 물론, 사회, 경제, 문화 발전을 이루는 데 도움을 주었으니까요.

왕가리는 2002년에 98퍼센트라는 압도적인 지지를 받아 국회의원에 당선되었고, 2003년에는 케냐의 환경·천연자원·야생생물부 차관으로 임명되었어요. 1984년 〈바른생활상〉, 1989년 〈세계여성상〉, 1991년 〈골드먼환경상〉과 〈아프리카상〉, 1993년 〈영국 에든버러메달〉, 2004년 〈노벨평화상〉, 〈페트라 켈리 환경상〉, 〈소피상〉 등 각종 국제적인 상을 받기도 했죠. 1995년에는 유엔환경계획(UNEP) 명예의 전당 500명에 선정되었어요. 아프리카 여성으로는 처음 있는 일이었죠.

2011년, 왕가리가 암으로 세상을 떠났을 때 사람들은 대나무와 히아신스 줄기로 관을 만들었어요. 왕가리가 자신을 땅에 묻을 때 어떤 나무도 베면 안 된다고 했기 때문이에요. 사람들은 지금도 왕가리를 '마마 미티'라고 불러요. 마마 미티는 스와힐리어로 '나무들의 어머니'라는 뜻이랍니다.

콩고

고릴라들의 숲을 위해 목숨을 걸다
비룽가 국립공원의 경비원들

　콩고 동부, 우간다와 르완다를 나누는 국경 지대에는 아프리카에서 가장 오래된 비룽가 국립공원이 있어요. 이곳은 활화산대, 만년설로 뒤덮인 높은 산, 초원, 사바나, 밀림 같은 장엄한 풍경은 물론, 다른 곳에서는 찾아볼 수 없는 생물 다양성을 자랑해요. 비룽가 국립공원에서는 마운틴고릴라, 오카피, 코끼리와 같은 멸종 위기 동물들을 비롯해서 조류 700여 종, 포유류 200여 종을 관찰할 수 있답니다.
　생물 다양성은 유전자, 생물종, 생태계의 다양성을 모두 일컫는 말이에요. 생물 다양성은 생태계를 유지하는 데 꼭 필요해요. 생물 다양성을 보존하는 일은 자연 보호, 자연 관리에 있어서도

매우 중요하죠.

비룽가 국립공원 곳곳을 지키고 돌보는 건 680명의 경비원들이에요. 지난 20년 동안 250명이 넘는 경비원들이 목숨을 잃었지만 이들은 활동을 멈추지 않아요. 이곳에서 일하는 경비원들은 자신들도 언제든 죽을 수 있다고, 그 위험을 잘 알고 있다고 말해요.

비룽가 국립공원이 위험해진 건 1990년대 초부터예요. 콩고의 북쪽 키부에서 활동하는 무장 세력들이 국립공원에 몸을 숨기기 시작했거든요. 1992년에는 이웃 나라 르완다에서 내전이 일어나면서 피난민들이 국립공원 안으로 밀려들었어요. 그 영향으로 산림과 생태계가 심하게 훼손되자, 유네스코는 1994년에 비룽가 국립공원을 위험에 처한 세계 유산으로 지정했어요.

하지만 사정은 나아지지 않았어요. 군대와 용병뿐 아니라 밀렵꾼들까지 국립공원 안으로 몰려들면서 폭력은 더 늘어났어요. 2006년에서 2008년까지는 하마들을 기관총으로 쏴서 잡는 대규모 밀렵이 진행되었고요. 그 전까지 콩고는 2만여 마리의 하마가 사는, 아프리카에서 하마가 가장 많은 나라였어요. 하지만 고기와 상아를 얻기 위한 대대적인 밀렵으로 지금은 하마가 300여 마리밖에 남지 않았어요.

2010년에는 콩고 정부가 비룽가 국립공원 안에서의 석유 탐사를 허가했어요. 석유는 산림 벌채, 불법 어업, 밀렵보다 자연에 더 큰 위협인데도 말이에요.

아프리카에서 자란 벨기에 출신 에마뉘엘 메로드는 국립공원의 관리 책임자로 앞에 나섰어요. 하지만 활동은 쉽지 않았어요. 에마뉘엘은 2014년 4월 법원에 국립공원 내 석유 탐사 금지를 신청하는 서류를 접수하러 갔다가 총에 맞아 심한 부상을 입었어요. 그는 오토바이와 비행기를 번갈아 타며 케냐의 한 병원으로 옮겨졌고, 몇 주 동안 심각한 상태에 빠져 있었어요. 정말이지 비룽가 국립공원만큼 산림 경비원이 위험한 곳은 없을 거예요. 경비원들은 에마뉘엘이 회복되기를 기다리며 염소 한 마리와 암탉 한 마리를 준비했답니다. 그에 대한 애정과 충성을 상징하는 특별한 선물이었죠.

유네스코는 2015년에 비룽가 국립공원 안에서의 석유 채굴을 반대한다고 발표했어요. 채굴은 땅속에 묻힌 광물들을 캐내는 작업을 말해요. 채굴하고 운반하는 과정에서 여러 가지 환경 오염이 일어나죠. 유네스코는 1979년부터 세계 유산으로 지정된 국립공원의 지위와 석유 채굴이 양립할 수 없다고 했어요. 콩고 정부는 경제 발전이 필요하다며 맞섰고요.

에마뉘엘은 사람들의 의견을 모아, 비룽가 국립공원을 관광지로 개발해서 수익을 내는 방법을 제안했어요. 비룽가 국립공원의 경비원들과 에마뉘엘은 오늘도 인류의 소중한 자원을 보호하기 위해 싸움을 계속하고 있답니다.

오스트레일리아

산림 벌채를 거부하다

밥 브라운

태즈메이니아호랑이는 태즈메이니아주머니늑대라고도 불려요. 캥거루처럼 주머니에서 새끼를 키운답니다. 한때는 오스트레일리아 태즈메이니아에서 쉽게 찾아볼 수 있었지만, 가축을 해친다는 이유로 마구 사냥한 끝에 1936년에는 완전히 멸종되었어요. 하지만 많은 사람들은 태즈메이니아호랑이가 여전히 어딘가에 살고 있을 거라고 믿어요.

1973년에 의대를 졸업했을 때, 밥 브라운의 머릿속에는 한 가지 생각밖에 없었어요.

'마지막으로 남은 태즈메이니아호랑이를 찾으러 가야겠어!'

산림 감시원의 아들로 자라난 밥은 무슨 일이든 시작하면 끝장을 보는 성격이었어요. 태즈메이니아에 잠깐 다녀오는 걸로는 성에 차지 않았지요. 밥은 자신이 사는 시드니에서 1500킬로미터나 떨어진 태즈메이니아에 병원을 열고 정착하기로 마음먹었어요.

얼마 지나지 않아 밥은 태즈메이니아 북부의 항구 도시 론서스턴으로 향했고, 도착하자마자 작은 골목까지 샅샅이 찾아다니며 이곳 생활에 적응해 나갔어요. 밥은 곧 야생의 천국, 태즈메이니아의 매력에 푹 빠지고 말았답니다. 웅장한 풍경과 지구에서 가장 오래된 휴온소나무, 키가 130미터나 되는 유칼립투스도 놀라웠지만, 오리너구리, 태즈메이니아주머니너구리, 주머니쥐, 왈라비, 웜뱃, 노랑꼬리검은유황앵무, 흑고니, 흰꼬리수리 등 신기한 동물들도 입을 다물지 못하게 했어요.

태즈메이니아는 오스트레일리아 남동부에 위치해 있어요. 태즈메이니아섬과 주변 섬들로 이루어진, 오스트레일리아에서 제일 작은 주죠. 이곳은 '자연의 주' '영감의 섬'이라고 불릴 만큼 빼어난 자연환경을 자랑해요. 태즈메이니아의 3분의 1은 숲과 들판인데, 그중 대부분이 국립공원으로 지정되었고 산림 지역은 유네스코 세계 유산으로 등록되었어요.

유네스코는 교육, 과학, 문화를 담당하는 국제 연합 기구예요. 유네스코 세계 유산은 유네스코가 인류 전체의 공동 자산이라고 판단하여 보호해야 한다고 지정한 유형 또는 무형의 유산들이에요.

1970년대에는 태즈메이니아에 '자연으로 돌아가자'는 구호를 외치는 히피들이 몰려들었어요. 이들의 영향으로 태즈메이니아에는 세계 최초의 환경 정당인 녹색당이 탄생했죠. 히피는 물질 문명을 부정하고 인간성의 회복, 자연과의 직접 교감 등을 주장하면서 자유로운 생활 양식을 추구하는 젊은이들을 말해요. 밥 브라운은 히피가 아니었지만 태즈메이니아의 환경 보호를 위해서라면 무슨 일이든 앞장서서 참여했어요.

이 시기에 태즈메이니아 주정부는 대규모 경제 개발 계획을 발표했어요. 댐을 건설하고 구리, 아연, 주석, 철 광산을 개발하겠다는 내용이었죠. 밥은 주정부의 계획이 못마땅했어요. 그는 오스트레일리아 최후의 원시 강인 프랭클린강을 지켜야 한다고 주장하면서 많은 시간을 환경 운동에 투자했어요. 밥은 간디의 시민 불복종 운동에서 영감을 얻었고, 1400명의 사람들을 모아 인간 띠를 만들었답니다. 결국 밥과 사람들은 댐 건설을 막고 계곡을 지킬 수 있었어요.

밥은 여기에서 멈추지 않고 태즈메이니아의 산림 벌채를 반

대하는 운동을 시작했어요. 산림 개발업자가 사람들의 손길이 미치지 않은 원시림에서 나무를 베고 네이팜탄으로 나무를 불태웠기 때문이에요. 네이팜탄은 제2차 세계 대전에서 사용한 폭탄으로, 헬리콥터에서 떨어뜨리면 넓은 지역이 불타서 파괴돼요. 산림 개발업자는 원시림을 파괴하고 그 자리에 성장이 빠른 나무들을 심으려고 했어요. 일본에 수출할 펄프를 만들기 위해서였죠.

밥은 본업인 병원 운영도 제쳐 둔 채 환경 운동을 이끌었어요. 밥은 정치에 뛰어들었고, 태즈메이니아 주의회 최초의 녹색당 상원의원이 되었어요. 환경 운동가들이 나무에 올라가 벌채를 막는 동안, 밥은 평화 시위와 행진에 참여했어요. 그 과정에서 여러 번 경찰 조사를 받았고, 체포되었다가 19일 만에 풀려나기도 했어요. 전쟁과도 같은 싸움 끝에 산림 개발업자는 계획을 포기했답니다.

상원의원의 임기는 끝났지만, 태즈메이니아의 숲을 지키려는 밥의 싸움은 끝나지 않았어요. 당장의 이익에 눈이 멀어 숲을 위협하는 움직임은 지금도 계속되고 있으니까요.

2014년에는 신임 총리가 태즈메이니아 산림 보호 구역 일부를 유네스코 세계 유산 목록에서 제외해 달라고 요청했어요. 유네스코는 이 요청을 거부했고요. 이 과정에서 밥은 환경 운동가들과 함께 벌목꾼들이 나무를 베지 못하도록 막아야 했답니다. 밥은 이 일로 또다시 체포되었다가 풀려났어요.

태즈메이니아 환경 운동가들에 대한 위협은 점점 심해지고 있어요. 하지만 어려운 상황에서도 밥의 노력은 결코 멈추지 않을 거예요.

인도네시아

광산 개발에 반대하다

알레타 바운

어느 날 알레타는 집으로 돌아가는 길에 무티스산에서 대리석을 가득 싣고 내려오는 트럭 행렬을 보았어요. 젊은 나이에 결혼해 아이가 있는 알레타는 큰 충격을 받았고, 분노를 주체할 수 없었어요. 저만치 떨어진 곳에서는 불도저들이 산을 깎고 있었어요. 채석장을 만들기 위해서였죠.

인도네시아 정부는 1980년대부터 광산 회사에 개발 허가를 내 주기 시작했고, 광산 회사들은 대리석, 망간, 금, 석유, 가스가 풍부한 티모르섬의 땅을 마구 파헤쳤어요. 광산 개발로 파툼 나지 주변 산은 파헤쳐지고 나무가 베이고 동식물이 사라지고 강물이 오염되고 땅이 깎여 나갔어요. 알레타가 보는 앞에서 자

연의 풍경이 사라지고 있었어요. 이런 규모로 광산을 개발하다가는 농사를 지을 수도 없을 테고, 결국 주민들의 생활 토대마저 흔들릴 게 뻔했죠.

몰로족 출신인 알레타는 조상들의 가르침을 떠올렸어요. 조상들은 자연과 인간의 몸이 같다고 믿었어요. 돌과 뼈, 땅과 살, 물과 피가 같다고 생각했죠. 숲은 허파, 피부, 머리카락과 같았고, 나무는 피부의 숨구멍과 같았어요. 이중 하나라도 위험에 빠지면 세상 무엇도 제대로 살아갈 수 없죠. 몰로족은 그중에서도 돌이 인간을 조상과 이어 준다고 믿었어요.

알레타는 1999년부터 마을을 돌아다니면서 땅을 지켜야 한다고 사람들을 설득했어요. 관습법에 따르면 조상이 물려준 땅을 누군가 함부로 개발할 수 없다고요. 관습법은 사람들이 공유하는 전통, 신앙, 풍습을 말해요. 일상생활과 문화, 세계관 등에 영향을 주지요. 알레타는 몇백만 루피를 받고 광산 회사에 땅을 팔려는 사람들을 말리기도 했어요. 몇백만 루피라고 해 봤자 푼돈에 불과했으니까요.

교사로 일하는 알레타의 남편은 집안일과 아이들을 보살피는 일을 전담하면서 아내의 싸움을 지지했어요. 그렇게 10년이 지나자 150명의 여성들이 모인 단체가 만들어졌어요. 알레타의 지휘 아래 여성들은 대리석 채석장을 점거하고 평화 시위를 했어요. 남편들은 알레타 남편처럼 집안일을 도맡았죠. 시위에 참여한 여성들은 전통 의복을 입고 불도저와 굴착기 앞에서 천을 짰어요.

이 싸움은 무척 힘들었어요. 시위 여성들에게 폭력을 휘두르고 집까지 쳐들어와 물건을 부수거나 빼앗아 가는 일도 있었어요. 남편과 아이들을 보호하려면 알레타가 집을 떠나야 했죠.

어느 날 밤, 아이에게 젖을 먹이러 가던 알레타는 30명의 남자들에게 둘러싸였어요. 알레타는 이날 심하게 폭행 당하고 칼에 찔려 죽을 뻔했어요. 하지만 알레타는 싸움을 포기하지 않았어요. 그리고 마침내 대리석 광산 다섯 곳은 폐쇄되었어요.

이제 알레타는 '마마 알레타'라고 불리며 생태계와 자연 풍경의 복원을 위해 일하고 있어요.

레바논

친환경 마을을 만들다

리마 타바레이

    레바논 북부 산악 지대에서 나고 자란 리마 타바레이는 조국을 끔찍이 사랑해요. 레바논은 지중해 옆에 있는 작은 나라고, 17~18개의 공동체가 모여 있어요. 레바논 국민들은 국가 전체의 목표보다 자신이 속한 단체나 종교를 중요하게 생각해요. 그래서 공동의 목표를 위해 힘을 모으지 못하고, 크고 작은 내전도 끊이지 않죠. 리마는 이런 문제를 잘 알고 있었어요.

    리마가 스무 살이던 1985년에 레바논은 10년째 내전 중이었어요. 리마도 한 종교 단체에 들어갈까를 고민했죠. 리마는 그때를 이렇게 설명해요.

    "그때는 나의 공동체를 지키는 것이 곧 레바논을 지키는 것이

라고 생각했어요. 하지만 지금은 내가 레바논의 국민이자 세계의 시민이라고 생각해요."

레바논에 평화가 찾아온 건 1990년이에요. 리마는 기자가 되었고 전국을 누비면서 취재를 다녔어요. 그러면서 자신과 다른 삶과 사고방식을 배웠죠. 하지만 2000년에 접어들면서 레바논은 정치적 위기를 맞았어요. 국정이 마비되면서 다시 혼란에 빠져들었죠.

리마는 더 이상 참을 수 없었어요. 정치가 제 기능을 못 하는데 어떻게 상황을 바꾸겠어요? 리마는 레바논 국민이 아름다운 레바논을 자랑스러워한다고 믿었어요. 하지만 산더미처럼 쌓이는 쓰레기, 수백 개의 쓰레기 매립장, 산림 벌채, 대기 오염, 수질 오염으로 레바논의 모든 지역이 황폐해지고 모든 공동체가 피해를 입고 있었어요. 식수의 95퍼센트가 오염되었고, 하수는 정화되지 않은 채 지중해로 흘러갔어요. 해변도 오염되었지요.

그런데도 환경은 사람들의 관심 밖이었어요. 오랫동안 전쟁을 겪은 사람들은 다가올 미래보다 지금 당장 눈앞에 닥친 오늘을 걱정하는 법이니까요. 리마는 이렇게 설명해요.

"사람들은 농약보다 폭격으로 죽을 가능성이 크다고 믿어요."

그러나 이대로 두고 볼 수만은 없었어요. 리마는 레바논 총리

라피크 하리리의 지지를 받아 [바르 룹난]이라는 단체를 만들었어요. '레바논의 바다'라는 뜻의 이 단체는 심각하게 오염된 레바논의 해안을 보호하는 일을 했죠.

한편으로 리마는 레바논 남부의 나코우라 마을을 레바논 최초의 친환경 마을로 만들려고 했어요. 나코우라는 옛부터 기암절벽, 사람의 손이 닿지 않은 해안, 원시 상태의 자연을 자랑하는 아름다운 마을이었어요. 오랫동안 이스라엘 군대에 점령당했고 이후에는 유엔평화유지군 주둔지였던 탓에 언제 포탄이 떨어질지 모르는 위험한 지역이었지만, 바로 그 이유 때문에 대규모 도시화를 비켜 갈 수 있었지요. 나코우라는 지금까지도 공장과 쇼핑센터, 빌딩에게 자리를 내주지 않고 있어요.

하지만 쉽게 추진할 수 있는 계획은 아니었어요. 나코우라는 이슬람의 한 분파인 시아파의 정당 헤즈볼라의 근거지였으니까요. 그런데 다행스럽게도 리마의 말이 통했어요. 리마는 마을 대표들과 재생 에너지, 쓰레기 분리수거, 유기 농업과 관련된 일을 함께할 수 있었어요. 리마는 또 [에코타운]이라는 비정부 기구를 만들어서 나코우라가 지중해 연안에 자리한 그리스, 슬로베니아, 프랑스, 모로코, 튀니지, 이집트의 친환경 마을들과 결연을 맺고 활발하게 교류하도록 했어요. 리마는 나코우라를 이렇게 설명해요.

"레바논 국민들에게 모범을 보여 주고 있어요."

태양 에너지로 불을 밝히고 쓰레기 분리수거 시스템과 유기농 텃밭이 있는 친환경 마을을 꿈꾸는 리마는 열정이 넘쳐요.

캐나다

강물을 거슬러 오르는 연어를 보호하다
러쿼람스 부족

    일확천금을 준다 해도 소용이 없었어요. 2015년 봄, 캐나다 브리티시컬럼비아주에 사는 아메리칸 인디언 러쿼람스 부족과 야하안 족장은 10억 달러의 수표를 거절했어요. 말레이시아의 거대 에너지 기업 페트로나스의 자회사 퍼시픽 노스웨스트 LNG가 건넨 수표였죠.

    퍼시픽 노스웨스트 LNG는 러쿼람스 부족이 사는 룰루섬에 천연 액화 가스 공장과 해상 터미널을 건설할 계획이었어요. 하지만 러쿼람스 부족은 "돈도 싫고 일자리도 싫다. 차라리 죽음을 달라!"고 외쳤어요. 수표를 받고 땅을 내준다는 건 자연과 조화를 이루며 살아가는 아메리칸 인디언 부족의 정체성을 포기한

다는 뜻이니까요.

밴쿠버에서 북서쪽으로 700킬로미터 떨어진 룰루섬은 태평양과 만나는 스키나강의 하구에 위치해 있어요. 스키나강은 산란기를 맞은 연어들이 수만 킬로미터를 헤엄쳐 찾아오는 곳이에요. 연어들은 이 강물을 거슬러 올라 알을 낳죠.

야하안 족장이 대표하는 아홉 부족은 공장을 건설하고 유지하는 데 필요한 시설들이 스키나강 하구의 생태계 균형을 망가뜨릴 거라고 생각했어요. 부족들이 사는 땅에 액화 가스가 지나가는 긴 관을 설치하면 해상 식물과 연어들의 서식지에도 나쁜 영향을 미칠 게 분명했죠.

연어잡이는 러쿼람스 부족의 중요한 경제 활동 중 하나예요. 이 부족의 경제 활동은 어업, 산림, 생태 관광이니까요. 연어는 주된 식량이기도 하죠.

러쿼람스 부족이 수표를 거부하고 몇 주 지나지 않아, 퍼시픽 노스웨스트 LNG는 개발 계획은 합법적이며 누구도 개발을 막을 수 없다고 주장했어요. 러쿼람스 부족을 뺀 다른 부족들은 개발 계획에 찬성했어요. 지역 정부도 채굴을 허용했고요. 이들은 개발 계획이 생태계와 원주민들의 삶에 큰 영향을 미치지 않을 거라고 주장했어요.

아메리칸 인디언들 사이의 의견 차이는 좁혀지지 않았어요. 시간이 지나자 러쿼람스 부족의 일부 대표들까지 공장 건설을 반긴다고 발표했지요.

하지만 야하얀 족장은 같은 장소에 공장이 들어설 뻔했던 1975년을 잊지 않았어요. 그때도 수많은 논란이 있었지만 결국 공장은 들어서지 못했어요. 룰루섬에 그 어떤 산업 시설도 들어서면 안 된다는 과학적 연구 결과가 발표되었기 때문이죠.

2015년 여름이 끝나 갈 무렵, 야하안 족장은 부족 사람들과 함께 평화적으로 룰루섬을 점령했어요. 천막을 세우고 연어 고기를 소금에 절여 저장하고 열매를 채집하고 광어를 말리고 약초를 캤어요. 부족 대대로 내려오는 활동을 한 거예요. 야하안 족장의 결심은 단단했어요. 연어가 러쿼람스 부족의 정체성을 결정짓기 때문에 연어들의 고향인 스키나강 하구와 룰루섬의 환경을 잘 보존해서 후손 대대로 물려주어야 한다고 믿었죠.

2016년 2월, 연방 정부의 한 기관은 퍼시픽 노스웨스트 LNG의 손을 들어 주었어요. 이 기관은 기업의 개발 계획이 실행되면 환경 오염이 늘어나고 흰고래의 개체 수가 줄어들겠지만 연어에는 아무 영향도 없을 거라는 보고서를 발표했어요. 절반이 넘는 지역 주민도 공장 건설을 찬성했죠.

결국 최종 결정권은 쥐스탱 트뤼도 총리에게 넘어갔어요. 트뤼도 총리가 어떤 결정을 내릴지 국민들의 관심이 집중되었어요. 그도 그럴 것이 2015년에 선출된 트뤼도 총리는 캐나다가 '환경 낙제생' 이미지에서 벗어나도록 하겠다는 공약을 걸고 당선된 사람이었거든요. 그는 캐나다를 지구 온난화 해결에 앞장서는 나라, '이산화탄소 배출을 줄이는 새로운 녹색 경제'의 중심지로 만들겠다고 했어요. 캐나다 정부는 2016년 7월에 조건부로 개발을 승인했지만, 퍼시픽 노스웨스트 LNG는 수익성이 떨어진다며 2017년 7월에 마침내 개발을 포기한다고 발표했어요.

캄보디아

숲의 약탈자를 몰아내다

춧 부티

춧 부티는 밀림이 줄어들기 시작한 1990년대 말에 삶을 바꿔야겠다고 결심했어요. 동남아시아 최대의 열대 원시림이 흉측하고 거대한 구멍이 된 것을 보고 분노를 참을 수 없었기 때문이에요. 춧이 나고 자란 캄보디아는 시에라리온, 마다가스카르와 함께 숲이 가장 빨리 사라지는 나라로 꼽히고 있었어요.

춧은 직업 군인을 그만두고 비정부 기구인 [천연자원보호그룹]을 만들었어요. 그리고 여러 공동체를 찾아다니며 다같이 힘을 모아 산림 벌채를 막아 내자고 설득했어요. 춧은 산림 벌채가 홍수, 가뭄, 생물 다양성 훼손, 지하수 감소, 곤충 멸종, 건강하고 쓸모 있는 농작물을 대량으로 생산할 수 있는 토양 비옥도 감

소 등 환경에 심각한 영향을 미친다는 사실을 알렸어요. 한편으로 춧은 캄보디아에서 일어나는 심각한 산림 벌채 현장을 전 세계에 고발했어요. 현장 고발이 산림 벌채를 막는 행동이라고 믿었거든요.

프랑스, 중국, 베트남의 다국적 기업들은 캄보디아의 숲에서 나무를 베어 냈어요. 이들은 주민들의 삶은 배려하지 않은 채 수천 제곱킬로미터에 달하는 숲을 밀어내고 그 자리에 파라고무나무를 심었어요. 고무를 얻으려고 숲의 생태계를 파괴하고 이 숲에서 식량과 자원을 얻던 주민들의 삶까지 망가뜨린 거죠.

다국적 기업들은 철이나 금 등의 광물을 캐내려고 나무를 베어 내기도 했어요. 베어 낸 나무에서는 천연 수지와 향유를 채취해서 팔았어요. 향유는 향기로운 냄새가 나는 기름으로, 주로 머리를 치장할 때 써요. 중국의 부유층이 좋아해서 비싼 값에 팔리죠.

나무에서 천연 수지를 채취해서 먹고 살던 숲 근처의 마을 사람들은 하루아침에 생계 수단을 빼앗겼을 뿐 아니라, 기업이 천연 수지를 채취할 때 사용한 화학 약품 때문에 환경 오염 피해까지 입었어요.

춧은 해외 기자들을 불러 현장을 둘러보게 했어요. 2012년 4월 26일에도 기자 두 명과 함께 카르다몸산에 올라가 불법적으로 나무를 베어 내는 장면을 보여 주었죠. 그런데 돌아오는 길에 카메라 메모리 카드를 빼앗으려는 헌병 두 명을 만났어요. 춧은 실랑이를 벌이다가 헌병이 쏜 총에 맞았고, 마흔일곱 살 나이에 목숨을 잃었어요.

세 아이의 아버지였던 춧은 '환경 전사'라는 별명으로 불렸어요. 춧은 무엇보다 땅과 자원, 권리를 지키기 위해 앞장섰어요. 또 프레이 랑 숲의 여러 마을과 공동체를 모아서 시위를 조직하고 정부에 탄원서를 보내는 한편, 부패한 정부 기관들을 고발했어요. 이들은 동식물 보호나 주민 존중에는 신경 쓰지 않고 당장의 이익에 눈이 멀어 다국적 기업들에게 수많은 사업을 승인해 주었거든요. 춧은 숲을 약탈하고 파괴하는 부패한 공무원과 정직하지 못한 지역 개발업자, 다국적 기업의 대표, 현장에서 산림 벌채를 감독하지 못하는 무능한 정부, 이를 악용하는 불법 목재 거래상들에게 적이었어요. 때문에 살해 위협이 끊이지 않았지만 춧은 오히려 사람들에게 두려워하지 말라고 다독였어요.

춧은 이미 세상을 떠났지만 여전히 이곳 주민들에게 많은 영향을 주고 있어요. 그는 코끼리, 호랑이, 표범, 말레이곰, 돼지꼬리원숭이들의 불법 사냥과 심각한 산림 벌채에 맞서 싸우는 환경 운동가의 상징이 되었어요.

알제리

지하수 오염을 막다

사하라 사막의 인살라 주민들

알제리 사하라 사막 한가운데에 사는 인살라 주민들은 남자, 여자, 아이, 의사, 교사, 학생, 엔지니어, 퇴직자, 상인, 실업자 할 것 없이 모두가 한마음으로 시민운동에 참여했어요. 누구도 상상한 적 없던 일이 일어난 거예요. 인살라 주민들은 2015년 한 해 동안 힘을 합쳐 셰일 가스 채굴을 반대하는 평화 시위를 벌였어요. 도로를 막고, 점거를 하고, 나무를 심었어요. 그러나 3월이 되자 경찰이 시위에 참여한 사람들을 폭력적으로 진압하기 시작했어요. 수십 명이 부상당했고, 그중 몇 명은 총에 맞았어요. 최루탄 가스에 질식해서 목숨을 잃은 사람도 있었죠.

그로부터 몇 달이 지난 2016년 초에 알제리 정부는 마침내

셰일 가스 채굴을 잠시 중단한다고 발표했어요. 사실 이 결정은 인살라 주민들을 위한 것이 아니었어요. 석유 가격이 떨어지자 비용이 많이 들어가는 가스 채굴을 잠시 멈췄을 뿐이죠. 그래도 주민들에게는 반가운 소식이었답니다. 그러나 시위에 참가했던 열여덟 명은 경찰에 불려 가서 조사를 받아야 했어요.

셰일 가스 채굴에 반대하는 시민운동은 2014년 말에 시작되었어요. 에너지부 장관이 인살라에서 30킬로미터 떨어진 곳에 엄청난 양의 셰일 가스가 매장되어 있다고, 이를 채굴하여 8000개의 일자리를 만들 거라고 발표했거든요.

인살라 주민들은 곧바로 반발했어요. 알제리는 1962년부터 천연 가스와 석유를 채굴해 왔지만 소수의 다국적 기업에게만 이익이 돌아갈 뿐이었으니까요. 다국적 기업들은 지난 수십 년 동안 환경을 오염시켰지만 한 번도 처벌 받은 적이 없었어요. 사막에는 거대한 석유 웅덩이가 생겼고, 낙타들은 이 웅덩이를 오아시스로 착각해서 뛰어들곤 했어요. 낙타들이 석유에 빠져 죽는 일이 계속 일어나는데도 누구도 책임지지 않았죠. 셰일 가스 채굴이 시작되면 또 다른 환경 재앙이 시작될 게 뻔했어요.

셰일 가스는 지하 1~3킬로미터 깊이의 매우 치밀한 암석 사이에 갇혀 있어요. 셰일 가스를 채굴하려면 관 속에 물, 모래, 화학 약품을 넣고 땅을 파고 들어가 암석을 깨고 부수어야 해요. 이 과정에는 물이 많이 필요할 뿐 아니라, 오염 물질도 아주 많이 생겨요.

인살라 주민들이 가장 걱정하는 건 지하수의 오염이에요. 인살라는 세계에서 가장 넓은 사막에 위치한 도시예요. 주민들에게 물은 아주 중요하죠. 인살라는 1년에 이틀만 비가 오고 한여름에는 기온이 섭씨 50도까지 올라가요. 먹을 물을 얻기 위해서는 지하 50미터 깊이까지 파고 들어가야 하죠.

사하라 사막의 지하에는 엄청난 양의 물이 흐르고 있지만 이 물은 수천 년 동안 내린 빗물이 모인 거예요. 함부로 쓰면 다시 채워지지 않아요.

알제리는 셰일 가스 매장량이 세계에서 서너 번째로 많은 나라여서 채굴도 활발하게 이루어져요. 하지만 인살라 주민들에게 셰일 가스 채굴 반대 운동은 생존의 문제예요. 어떤 협박도 통하지 않아요.

프랑스

불필요한 공항 건설에 반대하다

안마리 샤보

안마리 샤보는 프랑스 파리 출신의 엔지니어로, 두 아들의 엄마예요. 안마리는 2000년에 낭트의 교외 지역으로 이사하고 얼마 지나지 않아 노트르담데랑드 공항 건설 계획을 알게 됐어요. 정부는 낭트아틀랑티크 공항이 포화 상태에 이르렀다며, 전 세계 항공 교통 흐름에 맞게 더 넓고 효율적인 첨단 공항을 건설할 계획이라고 발표했어요.

이 계획은 어제오늘 세워진 게 아니었어요. 1960년대 말부터 논의가 있어 왔지만 이 지역 농부들의 강한 반대에 부딪혔죠. 농부들은 농지에서 쫓겨날 수 없다고, 습지 한가운데에 시멘트를 들이붓는 꼴은 볼 수 없다고 버텼어요.

프랑스에서는 지금까지 습지의 67퍼센트가 사라졌어요. 습지는 오염 물질을 걸러 내어 깨끗하게 만들 뿐 아니라 물의 흐름을 조절하고 지하수층의 원천이 되는 매우 중요한 존재예요. 생물 다양성의 저장고이기도 하죠. 습지에서만 발견되는 동식물도 많답니다.

시간이 지나자, 뜻을 꺾지 않는 농부들뿐 아니라 굳이 필요하지 않은 공항 건설 계획에 분노한 사람들이 힘을 보탰어요.

안마리의 사무실 창 너머로는 낭트아틀랑티크 공항이 내다보여요. 공항이 포화 상태라는 정부의 발표는 거짓이었죠. 안마리는 신공항 건설을 반대하는 목소리를 무시하고 거짓말하는 정부에 분노했어요. 정부는 법과 토론을 존중하는 척했지만 신공항을 운영할 민간 기업 뱅시의 논리를 따를 때가 많았죠. 공항 건설에 반대하는 사람들은 이렇게 말했어요.

"우리는 테러리스트가 아닙니다. 우리는 '더 이상 두고 볼 수만은 없다'고 판단한 평범한 사람들입니다."

그 전까지 안마리가 관심을 가진 건 코끼리 보호 운동과 어린이들이 장난감으로 착각하곤 하는 대인 지뢰 퇴치 운동이었어요. 하지만 공항 건설 계획을 알게 된 이상, 반대 운동에 참여할 수밖에 없었어요. 안마리는 환경 보호가 곧 민주주의를 위한 시

민운동이라는 사실을 깨달았어요.

안마리는 노트르담데랑드 신공항 건설 계획과 관련한 시민 단체 [ACIPA]의 공동 의장을 맡았어요. 이 단체는 건설 계획에 반대하는 시민 5만 명의 서명을 받아 냈어요. 2012년에는 4만 명이 반대 시위에 참가했고요. 그로부터 4년 뒤, 프랑스 정부는 국민 투표를 실시하는 등 해결책을 찾기 위해 노력했지만 시위에 참여하는 시민은 오히려 5만 명으로 늘어났어요. 안마리를 비롯한 환경 운동가들은 끝까지 포기하지 않았죠.

2018년 1월, 마침내 프랑스 정부는 신공항 건설 대신 낭트아틀랑티크 공항을 보수·확장하겠다고 발표했어요.

안마리는 이렇게 말해요.

"사회 운동에 참여하면서 저는 멋지고 용감한 사람들을 알게 되었습니다. 모든 걸 잃을 수 있는데도 꿋꿋했던 농부들, 어려운 조건 속에서도 땅을 지키기 위해 오두막을 지었던 젊은이들…. 모든 문제에 뜻을 모으지는 못하더라도 우리는 언제든 함께 행동할 수 있습니다."

아르헨티나

농약 살포를 반대하다

소피아 가티카

소피아 가티카는 아르헨티나에서 두 번째로 큰 도시 코르도바의 이투사잉구에 살아요. 소피아의 무기는 책이었어요. 소피아는 두꺼운 과학 책들을 꼼꼼하게 읽고 연구 결과들을 자세히 살펴보면서 지식과 논리를 얻었어요. 이투사잉구에서 일어나는 일들을 알리고 또 주장하려면 먼저 공부해야 했죠.

이투사잉구는 암과 같은 심각한 질병을 앓는 주민들이 다른 지역보다 많았어요. 하지만 사람들은 소피아의 말을 믿지 않았어요. 미친 사람이라고 욕하는 사람들도 있었죠.

소피아는 1999년에 신장 기형으로 태어난 아이를 석 달 만에 잃었어요. 이때부터 소피아는 이웃과 주변의 삶을 관찰했어요.

그리고 이투사잉구에서 점점 더 많은 사람들이 병에 걸리고, 점점 더 많은 아이들이 백혈병에 걸리거나 선천적인 기형을 안고 태어난다는 사실을 알게 되었어요.

그러던 어느 날, 소피아의 집 맞은편 밭에 제초제가 뿌려졌어요. 그리고 소피아 아들의 몸에 마비가 왔어요. 소피아는 가만히 있을 수 없었어요. 자식 하나를 더 잃을 수는 없었죠. 이때부터 소피아는 농약과의 전쟁을 시작했어요.

농약은 인공적으로 만든 화학 물질로, 농작물에 피해를 주는 해충이나 잡초를 없애는 데 쓰여요. 제초제는 잡초를, 살충제는 해충을, 진균제는 곰팡이를 없애는 데 쓰이죠. 하지만 농약은 사람들에게 심각한 질병을 일으킬 수 있답니다. 대한민국 정부는 독성이 높은 농약의 등록을 취소해 생산과 유통, 사용을 금지하는 한편, PLS(농약허용물질관리제도)를 시행하는 등 농약의 부작용을 최소화하기 위해 노력하고 있어요.

소피아는 아이를 잃었거나 아이가 암 투병 중인 엄마들을 모아 [이투사잉구 어머니 단체]를 만들었어요. 그리고 묵묵부답인 정부에 경각심을 불러일으키기 위해 노력했어요. 그리고 마침내 이투사잉구 문제가 텔레비전 뉴스로 다뤄졌어요. 이 지역의 암 발병률이 전국 평균보다 41퍼센트나 높다는 연구 결과도 알려

졌고요.

 2002년에 아르헨티나 정부는 이투사잉구를 보건 비상사태 지역으로 선포했어요. 이곳의 흙과 물이 제초제와 비소, 납으로 오염되었다는 분석 결과도 나왔어요. 이투사잉구의 엄마들은 다국적 기업 몬산토의 제초제 '라운드업'이 문제라고 주장했어요. 하지만 심각성을 모르는 농부들은 라운드업을 집과 가까운 밭에까지 마구 뿌리고 있었죠.

 [이투사잉구 어머니 단체]는 집에서 1500미터 이상 떨어진 곳에서만 농약을 쓸 수 있다는 법원의 결정을 얻어 냈어요. 그래도 아랑곳하지 않는 농부들이 많았어요. [이투사잉구 어머니 단체]는 소송을 냈고, 법원은 2012년에 규정을 어긴 농부들에게 유죄를 선고했어요. 농부들은 공공사업장에서 일정한 시간 동안 일하는 벌을 받았죠. 처벌은 약했지만 이 판결은 아르헨티나 역사상 최초로 농약 사용 관련 유죄 소송으로 기록되었답니다.

 아르헨티나는 20만 제곱킬로미터의 땅에 유전자변형농작물을 재배하는 나라예요. 콩 생산은 세계 3위, 콩을 원료로 한 2차 제품 수출은 세계 1위를 기록하죠. 유전자변형농작물은 유전자를 인위적으로 변형시킨 식물이에요. 유전자변형 옥수수나 콩은 해충을 물리치고 독한 농약도 견딜 수 있도록 만들어졌어요. 잘

자라기 때문에 수익성도 좋지요.

다국적 기업 몬산토는 각종 농약들뿐 아니라 유전자변형농작물 종자들을 만들고 판매하는 거대 기업이었어요. 2017년 바이엘에 인수·합병되기 전까지 몬산토가 가진 유전자변형농작물 종자의 전 세계 시장점유율은 90퍼센트였답니다.

정부는 국민 건강과 관련된 몬산토 제품의 문제를 알고 있으면서도, 몬산토가 코르도바에 거대한 공장을 짓도록 허가했어요. 국가 경제에 도움이 된다는 이유에서였죠.

소피아는 동료들과 함께 몬산토 공장 부지에 천막을 치고 공사 진행을 막았어요. 국가 경제 발전을 가로막는다는 이유로 소피아를 비난하는 사람들도 많았어요. 소피아는 여러 차례 폭행당했고 익명의 협박 전화를 받기도 했어요. 2014년에는 아르헨티나 정부가 나서서 경찰이 소피아를 보호하도록 해야 했죠.

온갖 위협에도 소피아의 싸움은 여러 가지 성과를 얻었어요. 2016년에는 몬산토가 코르도바 공장 건설을 포기한다고 발표했죠.

소피아는 사람들이 건강한 음식을 먹고 농사를 지을 수 있도록 계속 싸우고 있어요. 소피아의 싸움은 세계적인 문제와도 맞물려 있어요. 아르헨티나의 유전자변형 콩은 전 세계에서 가축

사료로 쓰이니까요. 소피아는 지금 당장 행동해야 한다고 말해요. 아무것도 하지 않는다면 언젠가 아르헨티나 사람들처럼 병에 걸릴 수 있다고 경고하죠.

세네갈

맹그로브를 되살리다

아이다 알리

가구 제작자였다가 환경 운동가로 활동했고 마침내 세네갈의 환경부 장관이 된 아이다 알리는 무슬림 거주 지역의 길거리를 뛰놀며 어린 시절을 보냈어요.

아이다는 열한 살이던 1964년에 우연히 바다를 보고는 그만 넋을 잃었어요. 끝없이 펼쳐진 바다는 영원할 것만 같았어요. 그러나 몇 년 후에 어부들의 배를 타고 바다에 나가 보고는, 그동안 잘못 생각했다는 걸 깨달았어요. 바다는 상처 입고 훼손된, 약한 존재였으니까요. 바다를 끔찍이 사랑했던 아이다는 공부도 미뤄 둔 채 바다에서만 시간을 보냈어요. 가족과 함께 운영하는 가게가 수익을 내고 있었지만 조금도 행복하지 않았죠.

결국 아이다는 모든 것을 버리고 바다에서 일하는 직업을 갖기로 결심했어요. 잠수부가 된 거예요. 아이다는 바닷속 난파선을 탐색했고, 여기서 건져 올린 물건들을 수집가에게 팔았어요. 하지만 바다를 이용해서 먹고 살기에는 바다를 너무나 사랑했어요. 아이다는 1985년에 [오세아니움]이라는 비정부 기구를 만들고 바다를 지키는 수호자 역할을 시작했어요.

일곱 명의 자식을 둔 아이다는 어부들에게 다이너마이트를 터뜨려서 고기를 잡는 것이 해양 생태계에 얼마나 나쁜 영향을 미치는지 이야기했어요. 마을 사람들에게는 왜 맹그로브 숲을 지켜야 하는지 알려 주었죠.

맹그로브는 열대와 아열대 지역의 물가에서 자라는 나무예요. 땅에서도, 물에서도, 염분이 있는 환경에서도 살아갈 수 있고, 거대한 숲을 이루기도 해요. 물결이 치는 대로 흔들리며 강을 따라 자라는 맹그로브의 뿌리에는 헤아릴 수 없이 많은 생물들이 살고 있어요. 맹그로브의 뿌리는 많은 물고기와 조개들이 알을 낳는 장소이기도 하답니다.

아이다는 또한 수백만 그루의 맹그로브를 심는 운동에 참여하도록 사람들을 설득했어요. 아이다는 사람들 각자가 행동을 시작해야 한다고 말했어요. 돈이 없어서 못 한다는 건 핑계일 뿐

이라고도 했죠.

 수십 년 동안 수천 번 잠수를 했던 아이다는 이제 바다 밑에서 일하지 않아요. 대신 모든 환경 문제에 관심을 기울이고 도움이 필요한 곳이면 어디든 달려간답니다.

 아이다는 세네갈을 위협하는 산림 벌채와 사막화 문제도 잊지 않아요.

 밀수업자들은 아이들에게 나무를 가져오라고, 그러면 오토바이를 사 수겠다고 유혹해요. 운송업자는 이런 밀수업자들과 불법으로 목재를 거래하죠. 목재의 원산지는 아랑곳하지 않고 말이에요. 아이다는 이런 사람들을 고발하는 일도 하고 있어요.

 아이다는 늘 이렇게 말해요.

 "저는 교환과 나눔의 가치, 지구를 위한 행동의 가치를 믿습니다. 제가 죽거든 저를 위해 기도하는 대신, 나무를 심어 주세요. 그리고 나무에 물을 주세요. 그러면 지구는 우리에게 100배, 1000배로 갚아 줄 거예요."

인도

생물 다양성과 농부의 자유를 보호하다

반다나 시바

반다나 시바는 세계적으로 유명한 페미니스트 환경 운동가로, 인도 북부의 작은 도시 데라둔의 농장에서 자랐어요. 히말라야산맥과 이어진 이 땅에서 농부들은 380여 가지의 농작물을 재배했어요. 자신들이 키운 농작물에서 씨를 얻고, 다시 이 씨를 심어서 농작물을 키웠죠.

하지만 현대식 농업 체계에서는 다국적 기업에 '로열티'를 내고 매년 종자를 사서 씨를 뿌려야 해요. 다국적 기업들이 종자에 특허를 가지고 있기 때문이에요. 이들은 병충해에 강하고 맛도 좋은 농작물을 발명한 다음, 그 종에 특허를 내요. 그러고는 농부에게 직접 키운 농작물의 씨앗을 포기하라고, 기업이 판매

하는 하이브리드 종자를 식물병충해 방제와 함께 사용하면 높은 수익을 낼 수 있다고 약속해요. 하지만 이건 함정이에요.

하이브리드 종자는 동일한 종의 씨앗 두 가지를 교배해서 만든 씨앗이에요. 하이브리드 종자에서도 씨가 만들어지지만, 이 씨앗은 다시 쓸 수 없어요. 하이브리드 종자를 재배하는 농부들은 해마다 비용을 지불하면서도 특허를 가진 기업에게 의존할 수밖에 없죠.

또 다른 문제는 화학 비료를 사용하면 흙이 금세 척박해져서 시간이 갈수록 생산량이 떨어진다는 데 있어요. 생산량을 끌어올리려면 점점 더 좋은 비료와 농약을 사들여야 하죠. 농부들은 은행에서 대출을 받아 비용을 마련하다가 악순환에 빠져요. 생산비는 오르는데 농작물 판매 가격이 떨어지면서 큰 피해를 보고 빚에 허덕이는 농부들도 많아요. 이런 농부들은 결국 논밭을 팔고 떠날 수밖에 없어요.

인도 사람들은 땅을 어머니라고 생각하기 때문에 땅을 잃고 스스로 목숨을 끊는 농부들도 많아요. 유전자변형 면을 도입한 뒤로 20만 명의 농부가 자살했다는 통계 결과도 있어요.

현재 지구에 존재하는 농작물 종류의 절반은 다국적 기업에게 특허가 있어요. 기업은 농작물의 씨앗을 모두 독점하려고 하죠. 1960년대까지만 해도 인도에는 3만~20만 종의 다양한 쌀이 재배되었지만 지금은 많은 야채와 곡물들이 사라졌어요. 다국적 농화학 기업들이 종자 시장을 점유한데다, 특허를 가진 유전자변형농작물 종자 중에서도 수익성이 좋은 몇 개만 시장에 내놓기 때문이에요.

반다나는 공기와 물, 땅처럼 농작물의 종자도 인류의 공동 재산이라고 생각해요. 또한 인도의 농부들이 다시 자율성을 찾기를 바라죠.

반다나는 1980년대 초부터 생물 다양성과 전통 농업 보호를 위해 싸우기 시작했어요. 한편으로는 다국적 기업의 지배에 맞서서 농부들이 자율성을 되찾을 수 있도록 힘썼어요.

반다나는 1991년에 비정부 기구 [나브다냐]를 만들고 종자 보존을 위해 꾸준히 노력했어요. [나브다냐]가 7000~8000개의 쌀 종자를 보존하는 데 성공하자, 반다나는 100여 개의 협동조합을 만들어서 이 종자들을 농부들에게 무료로 나눠 주었어요. 직접 심고 키운 종들은 농부들이 스스로 번식·교환·배포·유통·판매할 수 있도록 법적인 권리 또한 보장해 주었지요.

반다나는 꾸준히 시민 불복종 운동과 평화로운 저항 운동을 펼치며 다국적 기업들에 맞서고 있어요. 마하트마 간디의 시민 불복종 운동과 비폭력 벌목 운동인 '칩코'의 영향을 받았기 때문이에요. 칩코는 나무를 껴안아 벌목을 방해하는 인도의 여성주의 환경 운동으로, 반다나는 스무 살에 칩코에 참여해서 벌목꾼들이 숲을 파괴하지 못하도록 막았답니다.

이라크

메소포타미아의 늪을 깨우다

아잠 알와시

1960년대 이라크 남동부의 도시 나시리야에서 태어난 아잠 알와시는 아버지의 작은 배를 타고 오리 사냥을 하곤 했어요. 그때마다 갈대와 파피루스로 빼곡한 메소포타미아의 늪지대를 가로질렀지요. 이곳은 한때 세계에서 가장 큰 습지로, 기름진 땅과 수많은 동식물, 그리고 아름다운 수상 가옥들로 유명했어요. 지상 낙원 같다고 해서 '에덴동산'이라고 불리기도 했죠. 메소포타미아의 늪지대는 놀라운 생물 다양성을 보여 주는 곳이기도 했어요. 이곳에서 관찰되는 수백만 마리의 새 중에는 사다새, 홍학, 왜가리, 흑따오기 같은 희귀한 철새들도 많았어요.

40여 년 뒤인 2003년, 두 딸의 아버지가 된 아잠은 미국 로스

앤젤레스에서 수공학자로 살아가고 있었어요. 그런데 어느 날, 어릴 적 보았던 늪들이 거의 다 사라졌다는 소식을 들었어요. 환경 재앙이었죠. 큰 충격을 받은 아잠은 20년 동안 살아온 캘리포니아를 떠나 1만 2000킬로미터 떨어진 고향으로 돌아갔어요.

다시 찾은 이라크는 폐허에 가까웠고 몹시 불안정했어요. 1979년부터 독재를 펼쳐 온 사담 후세인을 몰아내려고 미국과 영국 등 연합군까지 뛰어든 전쟁은 한 달이 채 지나지 않아 끝이 났지만, 이라크는 선생의 후유증으로 몸살을 앓고 있었어요. 하지만 아잠은 물러서지 않았어요. 90퍼센트 이상 물이 빠지고 말라 버린 늪지대를 되살릴 작정이었으니까요.

늪이 말라 버린 건 사담 후세인이 '늪지대의 아랍인들'에게 내린 벌이었어요. 1991년에 이곳 사람들이 시아파를 지지하고 정부가 테러리스트로 지목한 이들에게 숨을 장소를 제공했기 때문이었죠. 마을에 폭격이 가해지고 수상 가옥들은 총탄 세례를 받았어요. 습지에서 물을 빼내려고 배수로가 설치되었고요. 그러자 생태계 전체가 황폐해졌어요.

늪지대를 되살리는 일은 불가능하다고 말하는 과학자들도 있었어요. 하지만 아잠은 [네이처이라크]라는 비정부 기구를 만들어서 불가능을 가능으로 바꾸었어요. 그 전까지 환경에는 손

톱만큼도 관심이 없던 그가 불가능한 임무를 성공으로 이끈 거예요.

하지만 시간이 지나자 새로운 위험 요소가 등장했어요. 메소포타미아 늪지대의 물은 유프라테스강과 티그리스강에서 시작되는데, 두 강이 지나는 도시와 농가의 물 소비량이 늘어난 거예요. 터키, 이란, 시리아, 그리고 이라크 사람들은 물의 흐름을 바꿔서 물을 확보해 두려고 해요. 이 때문에 늪으로 물이 흘러들지 못하고 있죠.

아잠은 늪지대를 국립공원으로 지정해서 보존해야 한다고 이라크 정부를 설득하고 있어요. IS 세력의 위협과 전쟁의 폭력에 물든 이라크에서 환경을 보호하려는 아잠의 노력은 낯설고 또 힘겨워요. 하지만 아잠의 싸움은 지금 이 순간에도 계속되고 있어요.

캐나다
미국
프랑스

바다의 불법 포획을 막다

폴 왓슨

폴 왓슨은 열한 살 때 처음으로 동물 보호 운동에 나섰어요. 강에서 함께 놀던 비버 가족이 덫에 걸려 죽은 걸 본 지 꼭 1년 만이었지요. 겨울이 되자 폴은 사냥꾼들의 뒤를 밟아서 덫을 없애거나 덫에 걸린 동물들을 풀어 주었어요. 망가진 덫 때문에 경찰까지 수사에 나섰지만, 결국 아무것도 밝혀내지 못했지요. 어린이가 범인일 거라고는 누구도 상상하지 못했으니까요.

그로부터 수십 년이 지난 지금도 폴은 여전히 동물 보호에 앞장서고 있어요. 달라진 게 있다면 선장이 되어 바다를 활동 무대로 삼았고, 그린피스에서 일하다가 [시 셰퍼드 컨저베이션 소사이어티]를 설립해서 '바다의 수호자'를 자처한다는 정도예요. 폴은 이렇게 말해요.

"바다를 구하지 못하면 우리 자신도 구하지 못합니다. 바다가 죽으면 우리도 죽습니다. 제가 전하고 싶은 메시지는 이게 다예요."

바다의 식물성 플랑크톤과 해조류는 모든 생명체에게 꼭 필요한 산소의 80퍼센트를 공급하고 순환하도록 만드는 원천이에요. 때문에 바다 생태계를 건강하게 지키는 일은 모든 생명체의 내일을 지키는 일이죠.

폴은 시 셰퍼드 단원들과 함께 바다를 누비면서 불법으로 고래를 잡는 포경선의 작살을 망가뜨려요. 덕분에 폴은 고래 밀렵꾼들 사이에서 '해적'이라는 별명으로 불리죠. 사실 고래잡이는 1986년에 전 세계적으로 금지되었어요. 하지만 아이슬란드, 노르웨이, 일본은 종종 이 금지령을 어기곤 해요. 일본의 포경선들은 계속 고래를 죽이고 있죠.

1986년에 폴은 아이슬란드 포경선 절반을 망가뜨리는 한편, 고래 고기를 가공하는 공장을 무너뜨렸어요. 이 일로 폭력적이라는 비난을 받기도 했죠. 폴은 불법적인 활동만 막겠다고 약속했지만, 이후부터 폴의 활동은 쉽지 않았어요. 시 셰퍼드가 불법 포경선으로 의심되는 어선을 막아서자, 일본은 폴에게 국제 체

포 영장을 발부했어요. 코스타리카 법원도 폴이 상어잡이 어선을 위험에 빠뜨렸다고 판결하면서 국제 체포 영장을 발부했어요. 폴은 오히려 코스타리카를 비난하며 맞섰어요. 폴은 코스타리카 어부들이 상어의 지느러미만 자른 다음, 바다에 던져 버린다고 비난했어요. 지느러미가 없으면 상어는 숨을 쉬지 못해 곧 죽고 말거든요. 어부들은 상어 지느러미를 아시아에 비싼 값을 받고 팔아요. 샥스핀은 아시아에서 아주 인기 있는 고급 요리 재료이기 때문이에요.

폴은 또 환경 천국이라는 이미지를 쌓은 코스타리카가 환경 운동가들에게 위험한 나라라고 비난했어요. 실제로 2013년 5월에는 하이로 산도발이라는 스물여섯 살의 청년이 환경 운동을 하다가 암살되었어요. 해변을 돌아다니면서 거북의 알과 둥지를 보호하다가 목숨을 잃은 거예요. 일곱 명이 재판을 받았지만 모두 증거 불충분으로 풀려났답니다.

폴은 코스타리카와 일본 두 나라에서 발급한 국제 체포 영장으로 인터폴에 쫓기는 신세예요. 미국은 인터폴 협력국이지만 2013년에 입국한 폴을 체포하지 않았어요. 폴은 버몬트에 머물면서 책을 썼고, 2014년 7월부터는 프랑스의 보호를 받으며 파리에 머물고 있어요.

케냐

코끼리 대학살을 막다

파울라 카훔부

파울라 카훔부는 케냐인 아버지와 영국인 어머니 사이에서 아홉 형제자매 중 여섯째로 태어났어요. 어린 시절에는 숲에서 뛰놀고 늪을 건너고 강에서 헤엄치고 나무를 오르면서 놀았죠. 신나게 놀다 보면 항상 기린이나 물소를 만났고, 때로는 하이에나도 볼 수 있었어요.

파울라는 동물을 잡아다가 이웃의 고생물학자 리처드 리키에게 보여 주곤 했어요. 리처드는 동물에 대해서라면 모르는 게 없는 척척박사였거든요. 리처드에게 야생 동물 이야기를 들을 때면, 파울라는 언젠가는 리처드가 한 번도 본 적이 없는 동물을 잡아 와야겠다고 다짐하곤 했어요.

파울라가 열일곱 살이 되자 엄마는 파울라를 비서 양성 학교로 보냈어요. 하지만 파울라는 석 달 만에 학교를 그만두었어요. 아프리카 국립공원에서 숲을 보호하는 경비원이 되고 싶었기 때문이에요. 파울라는 자신의 결심을 리처드에게 알렸고, 리처드는 동료 과학자들에게 파울라를 소개해 주었어요. 그렇게 해서 파울라는 신기한 야생 동물, 특히 코끼리와 개코원숭이에 대해서 배울 수 있었답니다. 리처드는 파울라가 공부를 계속하도록 도왔어요. 파울라는 멸종 위기에 처한 동물, 그중에서도 코끼리를 보호하는 데 일생을 바쳐야겠다고 결심했죠.

비정부 기구인 [와일드라이프디렉트]의 대표가 된 파울라는 2013년에 '코끼리에게 손대지 마'라는 운동을 벌였어요. 유엔에 따르면 아프리카에서는 해마다 3만 마리가 넘는 코끼리가 죽임을 당해요. 중국, 태국, 일본에 팔아넘길 상아를 얻기 위해서죠. 상아 거래는 1989년부터 법으로 금지되었어요. 코뿔소 등 멸종 위기에 처한 다른 많은 동물들을 거래하는 것도 모두 불법이에요. 하지만 아프리카 곳곳에서는 여전히 밀렵과 불법 거래가 이루어지고 있어요.

밀렵 중에는 가난한 마을 주민들이 돈을 벌기 위해 몇몇 동물을 죽이는 소규모 밀렵도 있어요. 하지만 불법 조직에 고용된 용

병들이 자동 소총이나 로켓포를 이용해서 많은 동물들을 무자비하게 죽이는 대규모 밀렵이 더 많아요. 그러니까 코끼리 학살에 반대하는 건 조직 범죄에 맞서는 일이고, 부패하고 무능한 정치를 고발하는 일이에요. 실제로 여러 범죄 조직과 정부 기관이 얽혀 있는 코끼리 밀렵도 많아요. 그래서 파울라의 밀렵 퇴치 운동은 수많은 위협을 받고 있답니다.

하지만 파울라는 포기하지 않아요. 아프리카 사람들이 제대로 인식하지 못하는 소중한 유산을 지키고 싶기 때문이에요.

2016년 1월에 케냐 정부가 미국 동물원에 코끼리 열여덟 마리를 보내기로 결정하자, 파울라는 비난의 목소리를 높였어요. 파울라는 동물원은 감옥 같아서 코끼리들의 영혼을 죽일 거라고 주장했답니다.

프랑스

거대 농화학 기업에 맞서다

폴 프랑수아

폴 프랑수아는 프랑스 샤랑트 지방에 사는 평범한 농부였어요. 하지만 2004년의 그날 이후, 폴은 거대 농화학 기업 몬산토에 맞서 싸우는 환경 운동가가 되었어요.

농화학 기업은 비료, 살충제, 그리고 농업과 관련된 화학 제품을 만드는 기업을 말해요. 오랫동안 미국의 몬산토, 다우케미컬, 듀폰, 독일의 바스프와 바이엘, 스위스의 신젠타 등 6대 다국적 기업이 이 시장을 장악해 왔죠. 2016년에 다우케미컬과 듀폰이 합병하고 2017년에 바이엘이 몬산토를 인수·합병하면서 지금은 미국의 다우듀폰, 독일의 바이엘과 바스프, 그리고 스위스의 신젠타가 농화학 시장의 대부분을 장악하고 있어요.

2004년의 어느 날, 폴은 옥수수에 제초제 '라소'를 뿌리다가 갑자기 쓰러졌어요. 폴은 서둘러 병원으로 옮겨졌고 몇 달 동안 입원 치료를 받았어요. 심각한 중독 증상이 나타난 건 몇 달이 지난 다음이었어요. 제초제가 뇌에 심각한 손상을 입힌 탓에, 폴이 혼수상태에 빠진 거예요.

폴은 퇴원하면서 제초제 라소를 생산하는 다국적 농화학 기업 몬산토를 고소했어요. 몬산토가 생산한 라소가 일으킨 심각한 중독 증상노 고발했죠. 금기를 깨는 시작이었어요. 프랑스는 유럽에서 농약을 가장 많이 사용하는 나라예요. 이런 나라에서 농약을 생산하는 거대 다국적 기업과 맞서는 건 상상할 수도 없는 일이었죠. 하지만 폴은 가만히 당하고 있을 수만은 없었어요.

라소에 중독된 후로 폴의 삶은 완전히 바뀌었어요. 폴은 입원과 퇴원을 반복하면서 중독의 후유증을 치료해야 했고, 밭에서 일하는 시간도 절반으로 줄여야 했어요.

폴은 몬산토가 라소의 위험성을 알고 있을 거라고 확신했어요. 폴은 틈틈이 라소를 조사했고, 라소에 독성이 강한 모노클로로벤젠이 50퍼센트나 들어 있다는 사실을 알아냈어요.

2015년 9월, 리옹 법원은 폴의 손을 들어 주었어요. 몬산토에게 손해를 배상하라고 판결한 거예요. 이건 역사적인 판결이었어요. 개인이 농화학 분야의 거대 기업 몬산토를 상대로 승리한 세계 최초의 판결이었으니까요. 몬산토는 법률 전문가와 변호사를 고용해서 소송을 검토하고 피해자 보상을 위해 해마다 예산을 따로 둘 정도의 대기업이에요. 이런 기업을 상대로 폴은 오랫동안 아주 힘들게 싸움을 이어 갔어요. 그리고 마침내 전 세계를 깜짝 놀라게 할 승리를 일궈 냈죠.

폴은 2011년에 법원의 판결을 기다리면서 [농약 피해자]라는 단체를 만들었어요. 이 단체는 오랫동안 제초제를 사용해서 폴처럼 건강이 나빠진 농부들을 지원하고 있어요.

이란

환경 오염의 위험을 글로 알리다

나세르 카라미

　나세르 카라미는 어렸을 때부터 자연을 좋아했어요. 몇 시간씩 가만히 보고 있어도 지루하지 않았죠. 하지만 대부분의 사람들은 자연을 함부로 대했어요.

　나세르는 대학에서 지리학과 기후학을 전공했고, 스물네 살이 되던 해에 환경 오염에 관한 첫 번째 논문을 썼어요. 그리고 이 글을 〈일간 함샤리〉에 보냈어요. 편집국장은 나세르의 글에 깊이 공감했지만, 선뜻 글을 싣지 못하고 망설였어요. 이슬람을 믿는 이란의 지도자들은 비판을 잘 받아들이지 못했거든요. 하지만 결국에는 신문에 나세르의 글이 실렸어요.

　사실 나세르가 새로운 사실을 밝힌 건 아니었어요. 자료를 바탕으로 대기 오염의 주범이 이란에서 만들어진 자동차들이라는 사실을 이야기했을 뿐이죠. 이란의 자동차 시장은 두 공장이 독점하고 있어서 사람들은 대기 오염을 걱정하면서도 이곳에서 만든 자동차를 살 수밖에 없었어요.

나세르의 글은 큰 호응을 얻었어요. 편집국장은 이란의 신문 역사상 최초로 환경을 전문적으로 다루는 칼럼을 만들고, 이를 나세르에게 맡겼어요. 영광스러운 일이었죠. 하지만 환경 전문 기자로서의 삶은 결코 쉽지 않았어요. 나세르는 매일 신문에 기사를 싣기 위해 싸워야 했어요. 정부 정책을 조금이라도 건드렸다가는 애써 쓴 기사가 쓰레기통에 처박히기 일쑤였죠. 나세르는 농담처럼 자신이 쓴 기사의 3분의 1만 신문에 실렸다고 말하곤 했어요. 하지만 그렇게 실린 기사들만으로도 나세르는 환경 기자로서 큰 성공을 거두었답니다.

그러나 나세르는 2009년에 느닷없이 해고당했어요. 강의를 나가던 대학 두 곳에서도 하루아침에 쫓겨났고요. 그의 소설을 출간한 출판사마저 나세르를 문전박대했어요. 그 누구도 말하지 않았지만 나세르는 그 이유를 알고 있었어요. 정치 상황이 달라지면서 이란은 소통이 자유롭지 않은 나라로 변해 가고 있었거든요. 뇌물을 받았다는 혐의에도 불구하고 재선에 성공한 극보

수주의자 마흐무드 아흐마디네자드 대통령은 정부에 반대하는 시위가 일어나면 무조건 폭력으로 진압했어요.

그로부터 4년이 지나 대통령이 바뀌었지만, 2013년 12월까지도 나세르는 일자리를 구하지 못했어요. 이란에 머무는 한, 나세르에게 미래는 없을 것 같았죠. 나세르는 조국을 떠나기로 마음먹고 노르웨이 베르겐 대학교에 연구교수로 갔어요. 하지만 그는 노르웨이에서도 이란의 상황을 걱정스럽게 살폈어요.

이란의 수도 테헤란은 높은 산에 둘러싸인 분지예요. 인구 1400만 명이 사는 대도시의 특성상 높은 빌딩들까지 들어서 있어서 공기 순환이 잘 되지 않죠. 그런데도 수백만 대에 이르는 자동차들은 매일같이 매연을 뿜어내요. 여기에 각종 공해 물질들이 더해지면서 테헤란은 세계에서 가장 오염이 심각한 도시로 꼽히고 있어요. 숨쉴 수 없을 정도로 오염된 공기 때문에 해마다 수천 명이 목숨을 잃고, 짙은 안개가 도시를 뒤덮어 학생들이 학교에 갈 수 없을 때도 있지만, 상황은 나아지지 않고 있어요.

나세르는 이란의 환경 재앙이 대기 오염에만 머물지 않을 거라고 경고해요.

"이란은 기후와 환경 위기에 가장 취약한 나라 중 하나입니다. 토양 침식도 세계에서 가장 심각한 수준이죠. 이란은 사막화로는 세계 2위, 생물 다양성 훼손으로는 세계 3위, 산림 파괴로는 세계 7위를 기록하고 있어요."

이란의 가뭄과 물 부족도 나세르의 걱정거리예요. 나세르는 지금 이란이 위급한 상황에 처했다고 말해요. 이미 많은 호수들이 말라 버렸고, 천연 저수지들도 바닥을 드러냈거든요. 나세르는 이란이 머지 않은 미래에 거대한 사막으로 변할지도 모른다고 말해요.

"중동의 가뭄은 국가의 사회와 정치 기반 시설을 파괴할 수 있습니다. 가뭄이 계속되면 결국 극단주의와 폭력 사태로 치달을 거예요. 앞으로 다가올 위험을 알리기 위해 저는 일주일에 한 번씩 글을 씁니다."

고향에서 멀리 떨어져 있지만 나세르는 어린 시절에 시간 가는 줄 모르고 바라봤던 이란의 자연을 잊지 못해요.

에콰도르

새우 산업에 맞서 맹그로브 숲을 지키다

리데르 파리아스

    에콰도르의 무이스네는 맹그로브 숲이 우거진 마을이었어요. 이곳 사람들은 맹그로브 숲에서 홍합과 굴을 캐서 팔았어요. 이 지역 사람들에게는 매우 중요한 경제 활동이었죠. 맹그로브 숲은 생태계에도 매우 중요한 역할을 해 왔어요. 하지만 1960년대 말에 새우 양식업이 시작되면서 맹그로브 숲은 대규모로 파괴되기 시작했어요.

    국제기구들은 새우 양식이 에콰도르의 경제 발전을 이끄는 원동력이라고 보았어요. 새우 양식업을 하는 정치인도 많았죠. 새우 양식업자들은 국민에게 일자리를 약속하고 정부의 침묵과 동의를 얻었어요. 하지만 약속은 지켜지지 않았어요. 양식업자들은 개를 풀고 용병들을 고용해서 맹그로브 숲과 농장을 지키려는 사람들을 내쫓았어요. 경찰까지 나서서 집과 밭을 망가뜨렸고요.

새우 양식업자들은 맹그로브 숲의 70퍼센트를 밀어 버리고 저수지를 만든 다음, 화학 약품을 쏟아 부어 새우를 키우기 시작했어요. 맹그로브 숲 근처에 살던 주민들은 대도시 주변의 빈민가로 쫓겨나야 했죠.

리데르 파리아스는 학업과 취업을 위해 조국을 떠났다가 무이스네로 돌아왔어요. 그리고 다시 찾은 고향에서 거대 새우 양식업자들을 상대로 길고 힘든 싸움을 시작했어요.

리데르가 싸움을 시작했을 때, 사람들은 상대가 되지 않을 거라고 생각했어요. 어떻게 힘없는 개인이 거대 기업에 맞설 수 있겠어요? 정치인까지 새우 양식업을 하는데 누구에게 호소할 수 있겠어요? 어떻게 폭력을 행사하는 양식업자들을 두려워하지 않을 수 있겠어요? 에콰도르의 경제 발전을 평가하는 국제기구들에는 뭐라고 하고요?

하지만 리데르는 싸움을 멈추지 않았어요. 맹그로브 숲의 주민은 여성들을 중심으로 조금씩 뭉치기 시작했어요. 마을마다 협회가 설립되었죠. 리데르는 맹그로브 숲 보호를 위해 일하는

[전국 조정 위원회]의 위원장이 되었어요. 리데르는 말해요.

"선진국 국민들은 맛있는 새우를 먹고 싶어 하죠. 하지만 그 새우가 어떻게 생산되는지는 모를 겁니다. 새우를 먹을 때 우리 민족의 피도 함께 빨아먹는다는 걸 모두가 알아야 합니다."

리데르는 국제 비영리 단체들과 함께 수많은 위협과 인권 침해 사례, 심지어 암살 사건을 고발하며 목소리를 높였어요. 리데르는 맹그로브 숲이 새우 양식장보다 여덟 배나 많은 사람들을 먹여 살린다는 사실을 증명했어요. 국제 비영리 단체들은 새우 양식업자들이 어린이들까지 헐값에 고용하는 실태를 고발했죠. 주민들이 만든 단체들은 소송을 거는 한편으로 대안 프로젝트를 제안했어요. 가끔은 몰래 양식장 안으로 들어가서 맹그로브를 심었죠. 위험을 무릅쓰고서요.

엘 베르둔에서는 초네강 하구에 사는 주민들이 맹그로브 숲을 살려 냈어요. 1979년에 주민들을 강제로 내쫓았던 사업가가 파산하자, 주민들이 다시 모여 맹그로브를 심은 거예요. 2010년에 또 다른 사업가가 들어왔지만, 주민들은 떠나지 않았어요. 주민들은 소송을 걸었고, 법원은 맹그로브 숲의 20퍼센트는 주민들에게 소유권이 있다고 인정했어요.

이탈리아

알프스 계곡을 보존하다
에리 루카와 수사 계곡의 주민들

프랑스 리옹과 이탈리아의 토리노를 연결하는 초고속 열차 테제베의 철로 건설 계획이 발표되자 수사 계곡의 주민들은 어른 아이 할 것 없이 모두 나서서 반대했어요. 이탈리아의 국민 작가 에리 루카도 반대 운동에 동참했죠. 그는 2013년에 한 인터뷰에서 철로 건설은 '백해무익'이라며 철로 건설 계획을 파기해야 한다고 주장했어요. 건설 계획을 진행하던 LTF 기업의 경영진은 에리 루카를 고소했어요. 하지만 토리노 법원은 2015년 말에 에리 루카에게 무죄를 선고했답니다.

에리 루카는 산을 좋아하는 이탈리아 나폴리 사람이에요. 지금은 로마 근처의 농가에 살고 있죠. 그는 수사 계곡 주민이 아

니지만 철로 건설을 반대하는 주민들의 싸움이 생존을 위한 것임을 잘 알고 있어요.

수사 계곡은 운치 있는 편암 지붕과 푸른 포도밭과 낮은 언덕들, 작고 아름다운 논과 밭으로 유명했어요. 하지만 고속도로, 고압선, 철도가 한꺼번에 지나가면서 그 명성을 잃었죠. 그런데 1991년에 프랑스와 이탈리아가 새로운 터널 건설 계획을 발표한 거예요. 두 나라 정부는 알프스산맥 밑으로 57킬로미터에 달하는, 유럽에서 가장 긴 터널을 뚫어서 테제베가 지나갈 철로를 놓겠다고 했어요.

정부 발표에 의사, 노동자, 기술자, 시장 들이 작은 모임을 만들었어요. 그리고 대규모 터널 건설 계획에 반대하는 목소리를 내기 시작했어요. 순식간에 계곡 곳곳에 '테제베 반대'라는 슬로건이 걸렸어요.

이탈리아 정부는 테제베가 프랑스와 이탈리아를 오가는 시간을 줄여 줄 거라고 설명했어요. 새로운 노선이 만들어지면 이탈리아 밀라노에서 프랑스 파리까지 일곱 시간이 아니라 네 시간이면 갈 수 있다고 했죠. 그뿐만 아니라 두 나라의 도로에서 트럭이 줄어들어 알프스 계곡을 망치는 이산화탄소 배출량도 줄어들 거라고 주민들을 설득했어요.

하지만 정부의 논리는 수사 계곡 주민들의 마음을 돌리지 못했어요. 주민들은 2003년에 건설된 철도를 현대화해서 피기백 방식을 활성화하자고 제안했어요. 리옹과 토리노를 잇는 이 철도는 아직 최대 수송량에 도달하지 못했으니까요. 피기백 방식은 화물이 담긴 트레일러를 철도 화차 위에 올려서 트레일러째 옮기는 방법을 말해요.

주민들이 걱정하는 건 무엇보다 공사 과정에서 일어날 환경오염이에요. 장비로 산을 뚫으면 건강에 아주 해로운 우라늄과 석면이 나올 테니까요. 막대한 비용도 문제였어요. 정부는 건설 비용으로 120억 유로(약 15조 원)를 예상했지만, 프랑스 감사원은 공사비가 260억 유로(약 33조 원)에 이를 거라고 발표했어요. 이탈리아의 마피아 조직과 기업들이 결탁해 인위적으로 공사비를 부풀린 거라는 지적도 있었지만, 진짜 문제는 이 엄청난 비용을 마련할 구체적인 계획이나 대안이 없다는 사실이었어요.

하지만 수사 계곡 주민들의 반대에도 불구하고 터널 공사는 진행되고 있어요. 주민들의 저항을 막기 위해 군인들이 밤낮으로 공사장을 지키고 있죠. 에리 루카는 《반박》이라는 책에서 터널 공사장에서 나오는 유독한 먼지를 가장 먼저 들이마시는 공사장 인부와 군인들의 이야기를 다루고 있어요.

브라질

아마존 밀림을 보호하다

치코 멘데스

치코 멘데스는 고무나무에서 흘러내리는 수액을 채취하는 '세링게이루'였어요. 치코의 아버지와 형제들도 세링게이루였죠. 그래서 치코는 아마존의 깊은 밀림도 손바닥 들여다보듯 훤히 알았어요. 치코네 가족은 매일 새벽부터 숲에서 고무나무 수액을 채취했으니까요. 가족들은 채취한 수액으로 고무를 만들어 내다 팔았어요.

하지만 고무 가격이 내려가고 숲이 사라지면서 많은 세링게이루들이 일자리를 잃었어요. 대농장주들은 실업자가 된 세링게이루들을 고용해서 나무가 남아 있는 다른 숲을 파헤치고 콩이나 꼴을 심게 했어요. 돈을 많이 벌 수 있는 소를 기르기 위해서였죠.

치코는 숲의 거대한 나무들을 베는 벌목꾼들을 처음 봤을 때 제발 톱을 내려놓으라고 말하고 싶었어요. 하지만 치코에게는 아무런 힘이 없었죠. 그러던 어느 날, 치코는 숲에서 퇴역한 군인 이우클리지를 만났어요. 이우클리지는 치코에게 읽는 법과 쓰는 법을 가르치고 신문을 읽게 했어요. 치코는 이우클리지와 이야기를 나누며 더 많은 지식을 얻을 수 있었죠.

시간이 흐르자 치코는 노동자들을 보호하는 일이 숲을 보호하는 일이고, 인류 전체를 보호하는 일이라는 걸 깨닫게 됐어요. 어른이 된 치코는 세링게이루를 대표하는 노조원이 되기로 결심했어요. 치코는 세링게이루 가족들이 모두 참여한 평화 시위를 조직했고, 숲을 망치는 불도저들을 막았어요.

치코는 여기서 멈추지 않고, 숲에 사는 노동자와 원주민 모두에게 대농장주들에 맞서자고 했어요. 농장주들은 세링게이루들을 노예처럼 부리고 이용하기만 했어요. 싼값에 일을 시키고는 학교나 병원도 지어 주지 않았죠.

치코는 또한 애그리비즈니스에 맞서자고 했어요. 기업화된 농업은 숲을 망치고 있었으니까요. 애그리비즈니스는 비료와 종자 생산, 농기계 제작, 농산물 가공과 유통 등 기업으로 운영되

는 농업과 관련된 모든 경제 활동을 말해요. 비용을 최소한으로 줄이면서 최대한 많은 양을 생산해 내는 대기업을 가리키는 말로도 쓰이죠.

치코는 미국에 있는 세계은행들을 찾아가, 브라질의 숲을 망치는 대규모 계획들에 더 이상 자금을 대지 말라고 당부하기도 했어요.

한편으로 치코는 지속 가능한 방식으로 개발할 수 있는 벌채 지역을 생각해 냈어요. 1990년대에는 이런 지역이 수십 개 마련될 수 있도록 계획을 짰죠.

대농장주들은 치코를 눈엣가시처럼 여겼어요. 이들은 암살범을 고용했고, 1988년 12월 24일에 치코의 아내와 자식들 앞에서 치코를 살해했어요. 그의 암살 소식에 전 세계는 충격에 빠졌어요.

브라질에서는 그 후로도 산림 벌채 반대 운동을 하던 시민 여러 명이 암살되었어요. 비정부 기구 [글로벌 위트니스]는 브라질이 환경 운동가들에게 가장 위험한 나라라고 발표했어요. 2015년에만 50명이 목숨을 잃었으니까요. 2002년에서 2013년까지 브라질에서는 448명의 환경 운동가가 암살되었답니다.

이스라엘
팔레스타인
요르단

물을 다시 끌어오고 평화를 세우다

기돈 브롬버그, 나디르 알카티브, 문케스 메이아르

중동의 평화 협상은 좀처럼 진전되지 않고 있었어요. 하지만 이스라엘에서 변호사로 활동하는 기돈 브롬버그, 팔레스타인에서 물을 관리하는 엔지니어 나디르 알카티브, 요르단에서 검사로 일하는 문케스 메이아르는 실망하지 않았어요. 오히려 협상에 실패할 때마다 행동에 나서야 하는 필요성과 [에코 피스 중동]의 존재 이유를 다시 한 번 되새겼지요. [에코 피스 중동]은 1994년에 기돈, 나디르, 문케스 세 사람이 모여서 만든 비정부 기구예요. 환경을 통해 평화에 기여하겠다는 뜻을 담고 있죠.

이스라엘, 팔레스타인, 요르단 세 나라가 위치한 곳은 반건조 지역으로, 물 부족 현상이 점점 심각해지고 있어요. 기돈, 나디르, 문케스는 물 부족 문제를 해결하기 위해서는 국경을 맞댄 세 나라가 힘을 모아야 한다고 주장하죠. 나디르는 말해요.

"전쟁으로는 물이 돌아오게 할 수 없습니다. 하지만 평화로는 할 수 있어요."

그동안 [에코 피스 중동]은 세 나라의 마을과 공동체가 함께 진행하는 사업 계획을 만들려고 노력했어요. 예를 들면, 이스라엘의 한 소도시가 팔레스타인의 다른 소도시와 함께 물 처리 시스템을 운영하도록 하는 식이었지요.

이스라엘 정부는 팔레스타인과 국경을 맞댄 지역에 장벽을 세우려 했지만, 이곳 주민들은 장벽 건설을 반대하는 탄원서를 냈어요. 물 부족 문제를 해결하려면 두 나라 주민들이 힘을 합쳐야 한다고 생각한 거예요. 결국 정부의 계획은 실행되지 않았죠.

기돈, 나디르, 문케스는 요르단강과 사해 문제에 집중했어요. 이 두 곳이 물 부족 현상의 핵심이었으니까요. 지난 50년 동안 이스라엘, 요르단, 시리아의 인구는 빠르게 늘어났어요. 하지만 요르단강과 주변을 지나치게 개발한 탓에 강물이 말라 강바닥이 드러났어요. 지난 50년 동안 강물의 양이 95퍼센트나 줄어들었죠. 댐, 관개 시설, 상수관뿐 아니라, 물이 많이 필요한 수출용 농업의 발달은 강물을 오염시켰어요.

기돈은 이스라엘 사람들의 생활 방식을 지적해요.

"이스라엘 사람들은 유럽인들의 생활 방식으로 살아갑니다. 이곳에서 살아남으려면 건조한 기후에 맞는 생활을 해야 해요."

[에코 피스 중동]에 따르면 요르단강의 생물 다양성은 50퍼센트나 줄어들었어요. 어떤 곳은 쓰레기장이나 다름없어서 걸어서 강을 건널 수 있을 정도죠. 상황이 이렇다 보니, 이스라엘, 팔레스타인, 요르단 사이의 사해로 흘러 들어가는 물이 사라졌어요. 물이 흘러들지 않자 사해의 면적은 계속 줄어들어서, 1930년과 비교하면 55퍼센트의 크기로 작아졌어요. 그뿐만이 아니에요. 지나친 개발로 기반암인 석회암이 녹아내리면서 곳곳에 '돌리네'라는 깊고 위험한 균열이 생기고 있어요. 이스라엘에서 활발하게 진행되는 화학 관련 활동들 때문에 돌리네 현상은 더욱 악화되고 있죠. 돌리네는 주민들과 자연에 심각한 위협이에요. 우리나라의 싱크홀처럼 말이죠.

환경 오염이 재앙 수준에 이르자 국경을 맞댄 이스라엘, 팔레스타인, 요르단 세 나라는 사해와 요르단강을 복원하려고 협력하기 시작했어요. 기돈, 나디르, 문케스는 입을 모아 말해요.

"한 나라만 노력해서는 결코 어떤 일도 이루어 낼 수 없습니다."

가봉

자원 약탈을 막다

마르크 에상기

마르크 에상기는 여섯 살에 앓은 소아마비 후유증으로 휠체어를 타고 다녀요. 마르크는 휠체어 덕분에 아주 일찍부터 장애물과 한계를 극복하는 법을 배웠다고 말해요. 자유롭게 걸어다니지 못하는 대신 관찰력과 사고력을 키웠고, 장애가 아닌 다른 것으로 친구들 눈에 띄려고 더 열심히 공부했다고 말이지요.

활달한 성격의 마르크는 또래 친구들과도 잘 어울렸어요. 마르크의 수호천사 역할을 자처하는 사촌도 있었어요. 사촌은 마르크가 친구들과 어울려 험한 길로 하교할 때면 휠체어를 밀어 주었어요. 마르크를 등에 업고 숲으로 사냥이나 낚시를 가기도 했지요.

가봉의 민주주의

저는 석유를 가질게요.

저는 망간이오.

저는 철이오.

저는 우라늄을 갖겠습니다.

마르크는 변호사가 되는 게 꿈이었지만 가봉 리브르빌에 있는 법대에 입학하지 못했어요. 장애 학생에게는 입학이 허락되지 않았기 때문이에요. 마르크는 이 일을 계기로 장애인의 권리를 위해 싸우기 시작했어요. 학교의 결정은 옳지 않았으니까요.

마르크는 환경 문제에도 관심을 기울였어요. 1998년에는 [브레인포레스트]라는 비정부 기구를 만들고 원시림 보호 활동을 시작했어요. 가봉의 원시림은 아프리카에서 가장 아름답고 오래된 숲 중 하나예요. 코끼리와 침팬지의 서식지이기도 하죠. 그런데 한 중국 회사가 원시림 한가운데에 거대한 철광산을 개발하려고 했어요. 마르크는 끈질기게 싸웠고, 결국 중국 회사는 철광산 개발 계획을 포기했어요. 이 일로 마르크는 가봉 환경 보호 운동의 상징이 되었죠.

하지만 그의 싸움은 모욕, 위협, 체포로 이어지기도 했어요. 마르크의 가족이 공격 당하는 일도 있었어요. 하지만 마르크는 포기하지 않았어요. 가족을 안전한 곳으로 피신시키고 싸움을 계속했죠. 가봉의 환경 문제, 그리고 환경과 연결된 경제와 정치 문제를 계속해서 고발한 거예요.

마르크는 가봉에서 벌어지는 일들을 이해할 수 없었어요. 망간, 우라늄, 석유, 다이아몬드 같은 지하자원이 풍부한 나라가 어떻게 세계에서 가장 가난한 나라가 된 걸까요? 왜 천연자원을 수출해서 국민 160만 명을 먹여 살리지 못하는 걸까요? 곡식을 심으면 저절로 자랄 만큼 환경이 좋은 나라에서 왜 식량의 80퍼센트를 수입할까요?

마르크는 그 원인이 독재자에게 있다고 생각해요. 가봉의 지도자들은 나라를 자신들의 재산으로 여겨요. 국민들의 희생으로 자기들만 부자로 살죠. 마르크는 다국적 기업들에게도 비난의 목소리를 높여요. 가봉의 지도자들에게 큰 돈을 주고 가봉의 농지에서 종려나무와 고무나무들만 재배하기 때문이에요.

마르크는 환경을 보호하는 일이 민주주의를 실현하는 방법이라고 생각해요. 그래서 마르크는 오늘도 환경 보호를 위해 싸우고 있어요.

칠레

해상 보호 구역을 지키다

이스터섬의 주민들

이스터섬은 남아메리카 대륙에서 3680킬로미터 떨어져 있어요. 칠레 동부 해안에서 배를 타고 6일 동안 달려야 이 섬에 도착할 수 있죠. 이스터섬은 해안가에 줄지어 세워진 석상 '모아이'로도 유명해요.

모아이는 높이 3~10미터, 무게 3~10톤에 이르는 사람 모양의 거대한 현무암 석상이에요. 옛날 이 섬에 살았던 모아이족의 유물이죠. 모아이족은 마땅한 기계도, 도구도 없던 7~16세기에 거대한 석상을 조각하고 또 원하는 곳에 세울 만큼 뛰어난 과학 기술 문명을 가지고 있었지만, 어느 날 사라져 버렸어요. 나무를 마구 베어 환경을 파괴한 결과였죠.

지금도 이스터섬에서는 숲을 찾아볼 수 없어요. 삼각형 모양의 넓은 벌판은 하늘에서 내려다보면 거대한 태평양과 구분되지 않을 정도죠.

이스터섬의 또 다른 이름은 '라파누이'예요. 원주민 말로 '큰 땅'이라는 뜻이지요. 지금 이스터섬에는 5800여 명의 사람들이 살고 있는데, 그중 60퍼센트는 원주민인 라파누이족이에요.

라파누이족은 오랫동안 대형 어선들로부터 바다를 보호해 달라고 요청했어요. 대형 어선들이 섬 전체에 심각한 피해를 입히기 때문이었죠. 중국, 러시아, 에스파냐 등지에서 온 대형 어선들은 공장 시설까지 갖추고 불법적인 어업 활동을 했어요. 깊은 바다까지 그물을 내려서 고기들의 씨를 말리고, 플라스틱 장비들을 바다에 마구 버렸어요. 이 쓰레기는 해안가로 밀려와 섬 주변의 작은 만과 바위 위에 쌓였고요.

2015년 9월에 라파누이족은 드디어 싸움에서 이겼어요. 이제 대형 어선들은 섬에서 멀찍이 물러나야 해요. 눈에는 보이지 않지만 섬 주변에 해상 보호 구역이 정해졌거든요. 해상 보호 구역은 칠레와 비슷한 면적이에요. 이곳에서는 물고기를 잡을 수 없고, 어업, 석유 시추, 광물 채굴도 할 수 없어요. 라파누이족만 해안에서 전통 방식으로 물고기를 잡을 수 있죠. 라파누이족은

형형색색의 배에 걸터앉아 돌을 매단 낚싯줄을 드리워요. 고기가 잡히면 줄을 낚아채죠. 이들은 물고기들이 번식할 수 있도록 먹을 만큼만 낚시를 해요. 그리고 '타푸'라는 전통을 지켜서, 겨울을 중심으로 몇 달 동안은 고기잡이를 하지 않아요.

이스터섬의 바다에는 오래전부터 다양한 종류의 물고기가 살고 있어요. 이곳에서 다랑어, 상어, 황새치가 알을 낳고, 귀상어, 갈라파고스상어, 혹등고래, 거북은 다른 곳으로 이동하기 전에 잠시 쉬어 가요. 과학자들은 다른 바다에서는 찾아볼 수 없는 약 142종의 물고기들을 이스터섬의 바다에서 볼 수 있다고 말해요. 그중 27종은 멸종 위기에 처해 있어서 더 많은 관심과 보호가 필요하죠.

라파누이족은 해상 보호 구역을 지키는 일이 지역 어업과 전통을 지키는 일일 뿐만 아니라 세상 사람 모두와 미래 세대를 위한 일이라고 믿어요.

오랑우탄을 구하다

비루테 갈디카스

비루테 갈디카스는 여섯 살 때 탐험가가 되겠다고 결심했어요. 개구쟁이 원숭이가 노란 모자의 탐험가를 만나는 《아프리카여, 안녕!》이라는 책을 읽고 나서였죠. 비루테의 부모는 리투아니아에서 이민을 온 사람들로, 제2차 세계 대전이 끝난 다음 토론토에 정착했어요. 비루테가 가장 좋아하는 일은 캐나다 토론토 공원에 가서 동물들을 보는 것이었어요. 동물을 관찰하기 시작하면 시간 가는 줄 몰랐죠. 그러던 어느 날, 비루테는 수업 시간에 오랑우탄 사진을 보고 큰 충격을 받았어요. 이때 받은 충격은 오랫동안 잊혀지지 않았죠.

몇 년 뒤, 비루테는 미국 캘리포니아 대학교에서 자연과학을 전공하고 있었어요. 하지만 오랑우탄의 사진에서 받았던 충격을 결코 잊을 수 없었죠. 비루테는 오랑우탄의 서식지가 있는 인도네시아로 가야겠다고, 자연 그대로의 오랑우탄을 보고 더 많은 걸 연구해야겠다고 생각했어요. 이런 비루테의 생각은 시대를 앞섰죠. 1960년대에는 동물을 잡아다 우리에 가두고 관찰하는 방법으로 연구가 이루어졌기 때문이에요.

1968년의 어느 날, 비루테는 수업을 마친 다음 용기를 내어 루이스 리키 교수를 찾아갔어요. 루이스 리키 교수는 케냐 출신의 영국인 인류학자이자 영장류학자로, 학생 두 명을 도운 적이 있었어요. 한 명은 다이앤 포시, 다른 한 명은 제인 구달이었죠. 리키 교수는 다이앤 포시가 르완다로 고릴라를 연구하러 갈 수 있도록, 그리고 제인 구달이 케냐로 침팬지를 관찰하러 갈 수 있도록 도왔어요. 비루테는 리키 교수에게 이 친구들과 똑같은 도움을 부탁했어요.

처음에 리키 교수는 내켜 하지 않았어요. 오랑우탄은 아주 독립적인데다 깊은 늪지대에서 살기 때문에 관찰이 쉽지 않았거든요. 다른 교수들도 연구에 실패할 거라고 했죠. 하지만 비루테는 결심을 바꾸지 않고 끈질기게 리키 교수를 설득했어요. 결국 리키 교수는 마음을 바꿔 비루테가 인도네시아로 갈 수 있도록 도움을 주었어요.

비루테는 스물다섯 살이던 1971년에 사진가 남편과 함께 인도네시아로 떠났어요. 이들은 보르네오섬 대자연 속에 야영 캠프를 마련했어요. 전기도, 도로도, 텔레비전도, 전화도 없고, 집배원이 언제 다녀갈지도 알 수 없는 곳이었죠. 그러나 두 사람은 끈기를 가지고 노력했고, 마침내 아주 가까이에서 오랑우탄을 관찰할 수 있었어요.

1975년에는 비루테의 연구가 《내셔널 지오그래픽》에 실렸어요. 남편이 찍은 사진들이 표지를 장식했고요. 이 연구로 사람들은 처음으로 오랑우탄에게 관심을 갖기 시작했어요. 1977년에는 유네스코가 이곳을 생물권 보존 지역으로 지정했고, 1982년에는 인도네시아 정부가 이곳을 탄중푸팅 국립공원으로 지정했어요. 오늘날 보르네오섬은 동남아시아에서 가장 큰 열대우림 지역 중 하나랍니다.

비루테는 여기에 만족하지 않았어요. 이후에도 몇십 년 동안 인도네시아 보르네오섬에 머물면서 역사상 가장 긴 연구 논문을 썼어요. 오랑우탄은 말레이어로 '숲의 인간'이라는 뜻이에요. 그 이름처럼 오랑우탄의 유전자는 인간과 97퍼센트 일치해요. 비루테는 오랑우탄의 감정이나 세상을 바라보는 방식이 인간과 닮

앉다는 사실을 발견했어요. 사냥꾼과 상인들에게 위협받고 있다는 사실도 알아냈지요. 무엇보다 중요한 발견은 대규모로 진행되는 산림 벌채가 보르네오섬과 수마트라섬의 습한 원시림에만 사는 오랑우탄들의 생존을 위협한다는 사실이었어요. 오랑우탄들이 살 곳과 먹을 것이 점점 줄어들고 있었어요.

비루테는 다이앤 포시, 제인 구달과 함께 '리키의 천사들'이라는 별명을 얻었어요. 세 학자는 영장류 연구와 보호에 선구적인 역할을 했답니다. 하지만 이들이 하는 일은 예전에도 지금도 결코 안전하지 않아요. 오랑우탄과 고릴라, 침팬지를 노리는 밀렵꾼들은 동물들뿐 아니라 학자들의 목숨까지 위협하거든요. 안타깝게도 다이앤 포시는 1985년에 밀렵꾼들에게 암살되었어요.

하지만 비루테는 동물 보호와 환경 보호를 위한 연구와 노력을 멈추지 않았어요. 비루테는 재단을 만들어서 오랑우탄 보호에 앞장섰어요. 오랑우탄 고아원과 다친 동물을 돌봐 주는 치료소도 열었고요. 그러나 오랑우탄이 살아갈 수 있는 환경은 점점 줄어들고 있어요. 오랑우탄의 개체 수도 줄어들고 있고요. 보르네오섬의 몇 안 되는 보호 구역 중 하나인 탄중푸팅 국립공원에는 1994년에 2000여 마리의 오랑우탄이 살고 있었어요. 그 수는 오늘날 500여 마리로 줄어들었답니다.

나이지리아

석유 채굴에 반대하다

니모 배시

니모 배시는 아프리카 나이지리아에서 나고 자랐고, 대학에서는 건축을 전공했어요. 하지만 1980년대 말에는 독재적인 군사 정부에 맞서 싸웠어요. 민주주의와 시민들의 권리를 지키기 위해서였죠.

1956년에 나이저강 삼각주에서 질 좋은 석유가 대량으로 발견되었어요. 많은 다국적 기업들이 관심을 보였지만, 석유 채굴권은 영국과 네덜란드가 함께 운영하는 석유 회사 '로열 더치 쉘'에게 넘어갔어요. 나이지리아의 부패한 공무원들은 로열 더치 쉘에게 거의 모든 권리를 주면서도 환경 보호의 의무는 지우지 않았죠. 얼마 지나지 않아 삼각주 곳곳에는 석유를 캐내는 수

백 개의 유정과 석유를 실어 나르는 송유관이 설치되었어요. 송유관의 길이만 수천 킬로미터에 이르렀죠. 이로써 나이지리아는 아프리카에서 석유가 제일 많이 나오는 나라가 되었어요. 하지만 국민에게는 전혀 혜택이 돌아가지 않았어요. 나이저강 삼각주에 살던 주민들은 거의 매일같이 흘러나오는 석유 때문에 고통 받을 뿐이었죠. 석유는 땅과 강, 바다를 오염시켰어요. 유정이 내뿜는 매연으로 공기 오염도 심각해졌죠. 마을 사람들이 쓰는 공동 우물에서까지 석유 냄새가 나기 시작했어요. 한때 비옥했던 나이저강 삼각주는 농사를 지을 수 없는 땅으로 변해 갔어요. 물, 흙, 농작물, 공기, 산림 등 자연 환경이 완전히 파괴된 거예요.

1990년에는 나이저강 삼각주 우무에켐 마을에서 수많은 생물들이 떼죽음을 당하는 사건이 일어났어요. 대량으로 석유가 흘러나온 탓이었죠. 10월이 되자 우무에켐의 젊은이들은 로열 더치 쉘의 석유 공장 앞에서 평화 시위를 벌였어요. 시위대는 로열 더치 쉘에게 그동안 환경을 오염시켜 주민들에게 입힌 피해를 보상하라고 요구했어요. 나이지리아 정부는 경찰들을 보내서 시위대를 폭력적으로 해산시켰어요. 그 과정에서 80명이 죽고 집 500채와 농작물들이 망가졌죠. 니모는 큰 충격을 받았어요. 그리고 환경 보호와 인권 문제가 아주 까깝게 연결되어 있다는 사실을 깨달았어요. 가장 중요한 인권은 건강한 환경을 누릴 수 있는 권리니까요. 환경을 보호하지 않으면 그 누구도 건강하게 살아갈 수 없어요.

이후부터 일부 주민들은 무장 투쟁을 시작했어요. 송유관을 파괴하거나 석유 회사 직원들을 납치하기도 했죠. 하지만 니모는 나이지리아의 환경 운동가 '켄 사로위와'의 발자취를 따라 평화적으로 싸우기로 했어요. 사로위와는 환경 운동의 공로로 〈골드먼환경상〉을 받은 사람이지만, 나이지리아 법원은 1995년에 그에게 사형을 선고했어요.

니모는 기대 수명이 40세를 넘지 않는 나이저 삼각주의 주민들을 위해 싸우기로 했어요. 특히 아프리카, 그리고 다국적 기업들의 본사가 있는 선진국에서 환경 정의를 위해 일했어요. 니모는 1993년에 [환경권을 위한 행동]이라는 비정부 기구를 세웠고, 2012년까지는 세계 3대 환경 보호 단체 중 하나인 [지구의 벗]에서 회장으로 일했어요.

2015년에 네덜란드 법원은 로열 더치 쉘이 환경 오염에 책임이 있다며 나이지리아 농부들의 손을 들어 주었어요. 영국 법원도 로열 더치 쉘이 손해배상을 해야 한다고 판결했어요.

이 일로 니모는 석유 산업계의 가장 큰 적이 되었어요. 그는 지금도 더 이상 화석 연료를 캐내지 않도록 싸우고 있어요. 다국적 기업들은 각 나라의 정부를 자신들의 편으로 만들고 어마어마한 권한을 휘둘러요. 하지만 니모는 이런 다국적 기업들에게 지배 받아서는 안 된다고, 이들에게 저항해야 한다고 주장해요.

온두라스

원주민의 권리를 위해 싸우다

베르타 카세레스

베르타 카세레스는 렝카족 산파의 딸로 태어났어요. 베르타가 어렸을 때 살바도르에서는 끔찍한 전쟁이 벌어지고 있었어요. 베르타의 엄마는 살바도르에서 피난 온 사람들을 집에 숨겨 주곤 했죠. 엄마 덕분에 베르타는 아주 일찍부터 사람들의 권리를 보호하는 법을 배울 수 있었어요.

베르타의 싸움은 그녀가 스무 살이던 1993년에 시작되었어요. 베르타는 원주민 권익 보호 단체인 [민중주민회의]를 만들었어요. 이 단체는 불법적인 산림 개발을 막고 여러 원주민 공동체가 땅에 대한 권리를 보호 받을 수 있도록 도왔어요.

어느 날, 온두라스 정부는 북서부 지방에 흐르는 괄카르케강

에 댐을 건설하겠다고 발표했어요. 대규모 광산 자원을 개발하려면 물이 많이 필요했기 때문이죠. 하지만 이 댐이 만들어지면 괄카르케강 하류에 사는 렝카 원주민들은 물 부족으로 곤란을 겪을 게 뻔했어요.

베르타는 대학생이던 스물세 살에 댐 건설 계획에 반대하는 활동을 시작했어요. 원주민 공동체가 도움을 요청해 오자 홍보 캠페인을 벌이는 한편, 법원 앞에서 탄원서에 서명을 받는 운동을 했어요. 7년이 지나 2013년이 되었을 때는 불도저를 비롯한 기계들을 막는 운동을 했어요. 렝카족 사람들은 1년 동안 교대로 정부군과 기업이 고용한 용병들의 폭력적인 공격에 저항했죠.

베르타의 운동은 수많은 비정부 기구와 국제기구의 지원을 받았고, 세계은행들은 자금 지원을 취소했어요. 결국 댐 건설은 중단되었지요. 덕분에 베르타는 국제적인 명성을 얻었지만 그녀를 향한 위협과 협박도 끊이지 않게 되었어요.

네 아이의 엄마였던 베르타는 대단한 용기와 훌륭한 결단력을 보여 주었어요. 그녀는 온두라스 환경을 보호하고 원주민들이 자신의 땅을 지킬 수 있도록 돕는 일을 멈추지 않았어요. 억압적인 분위기 속에서도 베르타는 사람들에게 항상 눈을 크게 뜨라고 말했어요.

"지금의 독재 정부는 공포와 박해 정책으로 국민들을 위협해요. 그리고 정부가 진행하는 경제 정책 말고 다른 길은 없다고 말하죠. 하지만 우리는 다른 해결책을 찾을 수 있습니다. 지금 어디에 있든, 우리는 세계 곳곳에서 싸워 나가야 합니다. 우리에게 또 다른 지구는 없으니까요."

베르타는 마흔네 살이던 2016년 3월 3일에 자신의 집에서 총을 맞고 사망했어요. 경찰은 조사도 하지 않고 무장 강도가 저지른 일이라고 결론을 내렸죠. 아무도 경찰의 발표를 믿지 않았어요. 베르타가 암살되었다는 건 누구나 아는 사실이었어요.

베르타의 죽음은 수많은 암살 사건의 하나일 뿐이에요. 온두라스에서는 2010년에서 2014년까지 101명의 환경 운동가들이 암살되었으니까요. 그중에는 원주민도 많아요.

주요 참고 자료

인터뷰

안마리 샤보, 2016년 1월 8일
리마 타바레이, 2016년 1월 21일
나세르 카라미, 2016년 3월 13일

보고서와 기사

국경 없는 기자회(https://rsf.org/fr) 2015년 12월 4일 보고서 "적대적 환경에 놓인 환경 전문 기자들"
글로벌 위트니스(http://globalwitness.org) 2014년 4월 15일 보고서
〈더 가디언〉 영국 일간지 2016년 3월 4일 "베르타 카세레스, 온두라스의 인권과 환경 운동가 암살되다"
〈뤼마니테〉 프랑스 일간지 2015년 9월 4일 "이스라엘과 팔레스타인 : 물의 아파르트헤이트"
〈타임〉(http://time.com) 미국 주간지 2008년 9월 24일

그 외 참고 사이트

골드먼환경상(http://www.goldmanprize.org)
도이체 벨레 독일 국제 방송
〈르포르테르〉(https://reporterre.net) 온라인 환경 일간지
문도 레알(http://www.radiomundoreal.fm) 환경 분야 웹 라디오
바스타!(http://www.bastamag.net) 독립 인터넷 언론
슬로푸드(http://www.slowfood.com) 로컬 푸드와 전통을 지키려는 국제 단체
〈쿠리에 앵테르나시오날〉 프랑스 국제 신문

내일을 지키는 작은 영웅들
지속 가능한 미래를 만드는 환경 운동 이야기

ⓒ 이자벨 콜롱바, 알랭 필롱

글쓴이 이자벨 콜롱바 | 그린이 알랭 필롱 | 옮긴이 권지현 | 편집 윤소라 | 디자인 김민서

펴낸곳 ㈜도서출판 한울림 | 펴낸이 곽미순
출판등록 2004년 4월 12일(제2021-000317호) | 주소 서울특별시 마포구 희우정로16길 21
대표전화 02-2635-1400 | 팩스 02-2635-1415
블로그 blog.naver.com/hanulimkids | 인스타그램 www.instagram.com/hanulimkids

첫판 1쇄 펴낸날 | 2019년 2월 21일 7쇄 펴낸날 | 2025년 7월 17일
ISBN 979-11-87517-73-3 73300

* 한울림어린이는 ㈜도서출판 한울림의 어린이 책 브랜드입니다.
* 잘못된 책은 바꾸어 드립니다.

어린이제품안전특별법에 의한 제품 표시 제조국 대한민국 사용연령 8세 이상